実学
企業とマネジメント

Business & Management

吉沢 正広 YOSHIZAWA Masahiro

学文社

執筆者紹介（敬称略）

明山　健師　嘉悦大学（第5章，第6章）
井上　善美　淑徳大学（第13章）
関谷　次博　神戸学院大学（第1章）
手嶋　慎介　愛知東邦大学（第9章，第12章）
鳥居　陽介　諏訪東京理科大学（第10章，第11章）
山内　昌斗　広島経済大学（第2章，第7章）
山縣　宏寿　諏訪東京理科大学（第8章）
吉沢壮二朗　明治大学大学院商学研究科博士後期課程（第3章）
＊吉沢　正広　東京福祉大学（第4章）

（五十音順　＊は編者）

まえがき

　毎日のように新聞紙上には企業に関する記事が掲載され，多くの情報が私たちに提供されている。それらは企業のガバナンス，合併買収，国際戦略提携などから始まり企業の不祥事，不正会計を原因とする混乱に至るまでさまざまである。なぜ連日のように企業に関する動きが報じられるのであろうか。それは企業が私たちにとってきわめて身近な存在だからであろう。企業は目的を同じくする人々が集い，そこに組織を形成し，組織を有効に機能させるためにマネジメントを介在させる。そうした企業は私たちの日常生活にとって必要な製品やサービスを提供することを目的に活動する。そこで作り出される製品やサービスは私たちの生活の隅々まで浸透し，それらなしでは生活は成り立たない現実がある。企業が私たちにとっていかに必要な経済主体であり，私たちに直接影響を及ぼす存在であるかの証といえる。

　本書は，大学で経営学を学び始めようとする学生，社会に出て実務経験を積みそれらを整理したいと願うビジネスパーソンを対象に，企業とマネジメントについて基礎的な知識を提供したいとの思いを実現させたく編纂された。その思いを届けるため分かりやすさを重要視しており，各章において使用される用語や表現は平易なものとし，専門用語は最小限の使用にとどめることとした。また文章中に使用される数量的な表現も曖昧性を抑えるため具体的な数字を使用してできる限り明確なものとした。用語にもできる限り英語表現を付記して，学習者の便宜を図るように心掛けた。また各執筆者には，歴史性を大切にして記述してほしいと依頼した。現状を説明するだけでは飽き足らない。現在に至るプロセスを説明し，それをご理解いただくことで現状をよりよく把握できると考えたためである。執筆者により長短があるが事例も掲載し，理解の促進を図った。

　次に，本書の構成を紹介すると次のようである。全部で13章の構成となっており，テキストなどで使用していただく場合の利便性を考慮した。1章当たり

のページ数も13～14ページとし，1回分の目安となるよう配慮した．第1章から7章までは企業について取り扱っており，残り8章から13章まではマネジメントをカバーしている．では，各章を紹介する．第1章「企業形態の展開─個人企業から株式会社へ─」では，企業形態の進展について説明する．第2章「大企業成立の背景と展開─大企業出現の日米比較─」では日米の大企業出現の背景をみる．第3章「企業の姿をとらえる手法─BS/PLなどを使って─」では，企業と会計制度の相互作用をみる．第4章「企業活動の国際展開─日本企業の国際化─」では，日本企業を取り上げその国際化をみる．第5章「企業とステークホルダー─社会的存在としての企業の責任─」では，企業を取り巻く環境と企業の関係をみる．第6章「株式会社の諸機関─社内各機関とその役割─」では，会社内部の機関をみる．第7章「企業の発展と経営知識の進化─コンサルティング・ファームの展開─」では，時代とともに発展する企業と進化する経営知識の開発をみる．第8章「ヒトのマネジメントの変遷と展望」では，変遷を遂げる日本企業における働き方の姿をみる．第9章「組織のマネジメント─成功した企業の組織─」では，組織の在り方をみる．第10章「カネのマネジメント」では，新しい資金調達などをみる．第11章「モノづくりのマネジメント─管理会計の必要性─」では，簿記・会計知識がいかに実社会で必要であるかを確認する．第12章「戦略のマネジメント─競争を勝ち抜く戦略─」では，熾烈な各種競争を有利に進める戦略は何か，を概観する．最後の第13章「マーケティングのマネジメント─統合的なマーケティング活動の実現─」では，これからのマーケティング手法を考える，となっている．各章では，理論的説明ばかりではなく，適切なケースを取り上げ，本文とリンクさせることでより内容を把握しやすいように工夫した．本書の内容について，読者に皆様から叱咤激励やご批判などいただくことができれば，執筆者各位にとっては今後の研究教育の大きな糧になるものと確信する．本書の執筆については経営学や商学の分野で鋭意ご活躍の研究者に依頼した．

　本書は各執筆者の多大なご協力により作成された．とりわけ諏訪東京理科大学の鳥居陽介先生には大変お世話になった．本書の企画段階からご参加いただ

き，本書の構成や執筆項目の吟味，また各執筆者への事務連絡など煩雑な仕事を正確無比に行っていただいた。また本書のタイトルについては読者の皆様に親しみを持っていただきたいと考え，井上善美先生（淑徳大学）に専門のマーケティングの見地から貴重なアドバイスをいただいた。併せて多大なご協力を得たことを記し，感謝申し上げたい。

　最後に，本書の刊行に際して，さまざまなご指導をいただいた株式会社学文社社長田中千津子氏にお礼申し上げたい。同社長のご理解ご支援ご協力があったればこそ本書を世に送り出すことができたことを記し，深謝の微意としたい。

平成30年春

編著者　吉沢　正広

目　次

まえがき　　i

第1章　企業形態の展開—個人企業から株式会社へ— ……… 1
第1節　個人企業から会社へ　2
第2節　会社の形態　4
第3節　会社形態の進化　6
第4節　ま と め　10

第2章　大企業成立の背景と展開—大企業出現の日米比較— ……… 13
第1節　アメリカにおける大企業の成立　14
第2節　日本における大企業の成立　20
第3節　日米にみる大企業の成立過程　24

第3章　企業の姿をとらえる手法—BS/PLなどを使って— ……… 27
はじめに—企業の簿記・会計と経営分析　28
第1節　貸借対照表　29
第2節　損益計算書　33
第3節　経営分析の基本的な指標　36

第4章　企業活動の国際展開—日本企業の国際化— ……… 41
はじめに　42
第1節　企業国際化のプロセス　42
第2節　日本企業の海外直接投資　45
第3節　企業国際化の理論　48
第4節　プロダクト・ライフ・サイクル理論　50

第 5 節　事例研究　53

第 5 章　企業とステークホルダー―社会的存在としての企業の責任―　61
第 1 節　企業と社会の関係　62
第 2 節　コーポレート・ガバナンスをめぐる議論　64
第 3 節　コーポレート・ガバナンスの社会的な取り組み　66
第 4 節　持続可能な社会の実現に向けた取り組み　70

第 6 章　株式会社の諸機関―社内各機関とその役割―　77
第 1 節　システムとしての株式会社　78
第 2 節　株式会社の基礎的な仕組み　78
第 3 節　日本とアメリカの企業経営機構　83

第 7 章　企業の発展と経営知識の進化
　　　　　―コンサルティング・ファームの展開―　91
第 1 節　企業成長のための経営知識の模索　92
第 2 節　経営知識の深化　98
第 3 節　経営知識開発競争の進展　102

第 8 章　ヒトのマネジメントの変遷と展望　105
はじめに　106
第 1 節　終身雇用の掘り崩し　106
第 2 節　年功序列賃金の変容　111

第 9 章　組織のマネジメント―成功した企業の組織―　119
第 1 節　組織とは何か　120
第 2 節　企業の組織形態　120
第 3 節　「パナソニック」の組織変遷―マクロ組織のマネジメント　123

第4節　組織の活性化─ミクロ組織のマネジメント　127
　　第5節　ま　と　め　129

第10章　カネのマネジメント ……………………………………………………… 131
　　第1節　キャッシュフロー管理の重要性　132
　　第2節　現在の大企業の現預金保有額と自己資本比率　134
　　第3節　任天堂株式会社の事例から見る無借金経営の是非　135
　　第4節　機関投資家が求めるROE向上策　138

第11章　モノづくりのマネジメント─管理会計の必要性─ ……………… 141
　　第1節　損益分岐点による利益管理　142
　　第2節　現在価値の概念　145
　　第3節　投資の意思決定　146

第12章　戦略のマネジメント─競争を勝ち抜く戦略─ ………………………… 151
　　第1節　戦略とは何か　152
　　第2節　戦略策定のための事業環境の分析　153
　　第3節　競争を勝ち抜く戦略　158
　　第4節　ケース─自動車業界におけるポジショニング　160
　　第5節　ま　と　め　162

第13章　マーケティングのマネジメント
　　　　　─統合的なマーケティング活動の実現─ ……………………………… 165
　　第1節　マーケティングの本質　166
　　第2節　マーケティング・マネジメント　169
　　第3節　アキレス株式会社「瞬足」の事例　171
　　第4節　ま　と　め　175

　　索　　　引 ……………………………………………………………………………… 179

第1章
企業形態の展開
―個人企業から株式会社へ―

> **要　旨**
>
> 　個人企業から会社へと転換する理由とは何か。企業と会社との違いをもとに探る。また，会社にも，株式会社のほか，合名会社，合資会社，かつては有限会社，今日では合同会社などさまざまな形態が存在するが，どのような会社形態が選択されるのであろうか。
>
> 　以上は，規定にしたがい変化する部分もあれば，事業展開の仕方にともない進化する部分もある。株式会社は，大規模な資金を調達する際には，最も優れた会社の形態であって，今日の大企業は概ね株式会社の形態を取っている。ところが，歴史のなかでは，大規模な事業展開をしている企業であっても，合名会社という形態を採用し，そのかたちを続けた企業もある。そのような会社形態選択の要因はどこにあったのか。いくつかの事例をふまえて明らかにする。

第1節　個人企業から会社へ

会社（company）とは法律上の概念で，会社法にその定義が記されている。会社を設立するということは，事業主が，会社を設立するための手続きをするということと同時に，法律上で，その会社に対して法としての人格を与える，すなわち法人化されるということである。

世の中には，さまざまな事業が行われているが，それらすべてが会社という形態で事業を行っているわけではない。会社設立のための手続きを踏まえず，事業主が個人で事業をしている場合もある。それは個人企業と呼ばれる。

企業（enterprise）とは，事業を行っている一単位のことを指すのであり，会社を含めた事業単位全体を意味する。企業は，事業を行っているものすべてに対して，広義の意味で用いられている。したがって，会社は企業であるが，企業は，必ずしも会社ではない。そのことを以下で分かりやすく説明しよう。

表1-1は，全企業と，そのうちの個人企業の，それぞれの企業数，従業員数，付加価値額を示したものであり，個人企業の全企業に対する割合もあわせて計算したものである。

全企業413万のうち，個人企業は218万ある。その割合は52.7%である。別の言い方をすれば，全企業のうち，52.7%が会社ではないことになる。企業は必

表1-1　企業に関する指標

	全企業	うち個人企業	個人企業の割合
企業数	413万	218万	52.7%
従業員数	5,349万人	634万人	11.9%
付加価値額	245兆円	12兆円	4.7%

（出所）　會田雅人「経済センサスから見た日本の個人企業―個人企業は218万，法人企業を含めた全体の半数以上―」『統計Today』No. 82, 2014年度（http://www.stat.go.jp/info/today/082.htm）から，一部項目を削除して，再掲した。
　　　　元資料は，総務省・経済産業省「平成24年経済センサス―活動調査結果―」によるものであり，調査は，2012年2月1日に実施されたもの。

ずしも会社でなく，個人企業が，企業全体に占める割合は半分以上もある。しかし，個人企業は，従業者数では企業全体の11.9%，付加価値額では同じく4.7%となっている。個人で事業を行っているから当然のように思われるかもしれないが，企業数の割合に比べた場合の，上記の割合の小ささは，なぜ会社形態を採用するのかということと照らし合わせて考えると興味深い。

個人企業の場合，あくまでも個人が事業を行っていることなので，個人として税金を支払う義務がある。会社の場合，法律で人格を与えられている以上，個人と同じように，法人としての税金を支払わなければならない。個人企業に課せられる所得税と同様の税金は，会社の場合，法人税がそれにあたる。しかし，所得税と法人税の違いは，前者が累進課税であるのに対して，後者は基本的には税率が一定である。累進税が課せられる個人企業の場合，所得の増加にしたがって，支払う税金も増えていくことになるから，ある所得以上は，法人化した方が税金の面でメリットが生じる。表1-2に，現在（2017年9月現在）の税率を示す。

以上のような，税率の違いは，所得が増えた個人企業が，税金面での対処を理由として，会社形態を採用することになるかもしれない。表1-1で見たように，全企業に占める企業数の割合の高さに比べると，付加価値額の割合は，極めて小さい。所得の多い個人企業は，会社となることと整合する。

ところが，全国4,000の事業所を対象とした調査によると，法人化の予定があると回答した個人事業主はわずか2%弱であった[2]。このことは，個人企業

表1-2 個人企業と会社に課せられる税金の違い

個人企業	会社
所得税	法人税
税率 所得に対して5%から45%	税率[1] 基本税率（資本金1億円以上の法人）は，23.4% • 中小法人（資本金1億円未満）で所得が800万円以下であれば，15.0% • 中小法人で所得が800万円を超える場合は，23.4%

から会社へと切り換わるターニングポイントのひとつとして，個人企業として始めた事業が，うまく軌道に乗り，所得が増加することが考えられるものの，現実的には，そのハードルは極めて高いと言えよう。

第2節　会社の形態

　2006年に会社法が制定された。それ以前は，商法のなかに主に会社に関する規定が定められていた。以下では，読みやすさを優先し，2006年に制定された会社法を「新会社法」と称し，それ以前の商法のなかの会社に関する規定，ならびに有限会社に関する法律（有限会社法）を総称して「旧会社法」とする。

　まずは表1-3において，1990年から2015年までの間，5年毎に会社形態別に，会社数がどのように変化したかを見てみよう。

　1990年の時点は，株式会社が最も多く，次いで有限会社，合資会社，その他を除けば，合名会社の順となっている。ところが，1995年になると，有限会社の数が，株式会社の数を上回った。それは2005年まで確認できる。2010年には，有限会社という形態はなくなり，新たに合同会社という形態があらわれているが，株式会社の数が圧倒的多数となっている。それは2015年においても同様である。

表1-3　会社形態別の会社数の推移

(単位：社)

	株式会社	有限会社	合名会社	合資会社	合同会社	その他	総数
1990年	1,054,491	971,394	5,595	28,483	—	18,307	2,078,270
1995年	1,123,034	1,219,215	5,724	26,485	—	29,569	2,404,027
2000年	1,059,140	1,398,785	6,966	31,421	—	40,566	2,536,878
2005年	1,041,067	1,454,078	5,758	31,887	—	52,243	2,585,033
2010年	2,478,804	—	5,399	26,365	14,338	61,976	2,586,882
2015年	2,490,479	—	3,876	18,349	49,807	79,337	2,641,848

(出所)　『国税庁統計年報書』における「会社標本調査」（各年版）より作成。

「旧会社法」では，株式会社，合名会社，合資会社，ならびに，有限会社という会社形態を定めていた。「旧会社法」は1990年に改正されたが，それによって会社設立に際して，設立時に最低限必要な資本金として，株式会社であれば1,000万円，有限会社であれば300万円を必要とした（合名会社，合資会社については，制限はない）。この規定が導入されたときの，本来の趣旨は，先述したように，会社形態が税金面で有利な場合があったことから，税金逃れを目的とした安易な会社設立を防ぐことにあった[3]。同規定は，新設のみならず，既存の会社にも適用されたから，1990年から1995年にかけて，株式会社の数と，有限会社の数の逆転が生じたのであった。このことから，「旧会社法」のもとでは，いかなる会社形態を採用するかは，どれほどの自己資金を賄えるかが一つの要因となったと言える。

しかし，2006年の「新会社法」では，最低資本金額が撤廃され，資本金1円でも会社が設立できるようになった。また，同時に，有限会社が廃止された。「新会社法」にしたがった会社の定義は，株式会社，合名会社，合資会社のほかに，新たに合同会社（LLC：Limited Liability Company）が加わった。

最低資本金額の制限がなければ，それぞれは，どのような理由で，会社の設立が選択されるのであろうか。

合名会社，合資会社は，設立費用が安いというメリットがある。しかしながら，合名会社の場合，従業員である社員はその責任を無限に，合資会社の場合，一部の社員は無限に責任を負わなければならないから，債務が，出資金以上に膨れ上がったとしても，不足する分については個人が弁済しなければならない。

株式会社や合同会社の場合，社員は有限責任であるから，そうした理由から選択されるということもあろう。そうした有限責任を理由とした，会社形態の選択が考えられる。会社形態別の会社数を見ると，株式会社が最も多く，ほとんどの会社が株式会社となっている。また，推移を見ると，2010年から2015年にかけて，株式会社と合同会社の数が増えている。初期費用の少なさを除き，最低資本金の制限がなくなれば，有限責任の有無が会社形態の選択のひとつの基準となる。

第3節　会社形態の進化

　以上までにおいて，個人企業から会社へと転換するターニングポイント，ならびに，会社形態を選択する際の判断基準について，税金や資本金といった，いわば会社の規定の変化にしたがって，有利な形態が選択されると説明してきた。会社形態の選択は，そうした規定に大きな影響を受けるかもしれないが，どのように事業を展開していくのかによっても変化する。以下では，歴史のなかから，具体的な事例をもとに，どのような会社形態を選択したかを，事業展開にともなう「進化」というかたちで捉えてみたい。

3-1　三井家の事例―豪商から財閥へ―

　日本に会社制度が導入されたのは，明治期以降であった。しかし，本格的な制度の導入とは別に，会社に類似した形態は江戸時代から見られた。その代表的なものとして江戸時代の大企業にあたる，豪商と呼ばれた大商家・三井家の事例を見てみよう。

　呉服業から財を築いた豪商，三井家は，創業者の三井八郎兵衛高利の死後，遺産を，その子らが分割相続せず，9人の相続人が共同財産とした。分割相続すると，せっかく築き上げた財産の規模が縮小してしまうことを避ける目的があった。その後，その財産を管理する組織として大元方が設置された。すなわち，大元方は，三井9家（後に11家）の全財産を資本として所有した。そして，各家は，平等に発言権を有し，大元方の評議にも参加し，三井が営業する店の経営もそれぞれが担当した。こうした，共同出資をし，出資者が経営を行い，大元方が無限の責任を有していたという特徴は，合名会社に相当する[4]。

　幕末・維新の動乱期を巧みに乗り越えた三井家は，その後，財閥形成の道を歩んだ。三井家は，大元方を改組し，三井合名という財閥本社を設置した。三井合名が傘下の企業の株式を所有するという，家族・同族による封鎖的所有を固持し，家族・同族以外の経営への介入を極力回避しようとした。さらに，三井銀行，三井物産，三井鉱山，三越呉服店を合名会社として，同族11家がどれ

か1社の出資社員となることで,他の出資を制限しながら,同族全体に無限責任の被害が及ばないようにするという工夫も行っている[5]。

3-2 大阪紡績の事例—近代紡績業の成功要因—

1890（明治23）年に公布された商法（旧商法）は,ドイツの学者ロエスラーが商法の草案を起草したものである。会社形態を,株式会社,合名会社,合資会社として,会社の法人格が定められた。商法の施行自体は延期となったが,1893（明治26）年には会社法に相当する部分だけが施行された（なお,旧商法は,1899（明治32）年に廃止され,代わって新商法が施行された）。1896（明治29）年の時点で,会社総数は4,596社を数え,そのうち2,583社が株式会社であった。会社の払込資本金総額のうち株式会社が90％を占めた。旧商法の施行後3年しか経過していない時期であったから,日本での株式会社制度の普及のスピードは急であった[6]。

株式会社制度の急速な普及は,西洋からの目新しいものに飛びついたという点もあったであろう。また,実業家の渋沢栄一は,『立会略則』という,西洋に倣った会社制度のテキストを刊行し,その普及につとめた。株式会社制度の導入が,事業展開に巧く結びついた事例として,明治期以降の産業化の象徴であった綿糸紡績業を事例に見てみよう。

まず,明治期の綿糸紡績業の産業全体での位置づけを確認すると,1896（明治29）年の総資産額による鉱工業上位100社の業種別内訳によれば,うち58社が繊維関係の業種であった。1位が鐘淵紡績（総資産額328万円）,2位が大阪紡績（同241万円）となっている。ちなみに,1990年では,繊維関係の会社は3社にとどまり,最も多い業種は電気・光学・精密機器の業種であった。1位がトヨタ自動車,2位が松下電器産業（現在のパナソニック）である[7]。200〜300万円の総資産額を現在価値にあらわせば,およそ20〜30兆円である。それだけの大規模な資産に対して,自己資金もある程度準備しなければならない。それを,一個人が負担することは到底できない。そのため,多数からの出資を基本とする株式会社制度を採用することとした。

日本に近代的な紡績業を定着させようと，明治政府は，1879（明治12）年に，2千錘規模の紡績機械10基を，1基ずつ，10社に対して，10年間無利息で払い下げた[8]。しかし，いずれの企業の業績も振るわなかった。それに対して，1882（明治15）年に設立された大阪紡績は，操業当初より好成績をおさめた。大阪紡績の成功要因は幾つかあげられるなかで，前者との違いに，紡績機械の規模がある。前者が2千錘規模であったのに対して，大阪紡績は1万500錘という5倍以上の規模であった。こうした規模の差は，同一時間内に紡ぐことのできる糸の量に5倍の格差があることを意味し，規模の大きな紡績会社の生産効率は良く，単位当たりのコストは低くなる。すなわち，規模の経済（economy of scale）がはたらくのであるが，問題は，そうした大規模な操業がなぜ可能となったのかということである。大阪紡績の設立にかかわった渋沢栄一は，海外の事情に精通しており，海外の紡績会社との競争のためには，大規模な操業が不可欠であることを認識していた。大規模な紡績機械の設置のためには，その購入資金として多額の資金を調達しなければならなかった。先述したように，渋沢は会社制度の導入につとめていったこともあって，資金調達に際して，株式会社制度を採用したのであった[9]。

3-3　白鶴と日本盛の事例―新たな事業展開にともなう会社形態の選択―

1876（明治9）年，生産数量1,000石（180kl，1升瓶が1.8lなので，およそ18万本分に相当）以上の酒造業者は68あったが，これは全国の酒造業者が2万6,171存在していたので，全体に占める割合は，0.2％ということになる。つまり，酒造業は，労働集約型の家業形態がほとんどで，零細小規模業者であった。1895（明治28）年になると，1,000石以上の酒造業者は678に増え，全国では1万3,249であったから，割合は5.1％となる。明治9年から28年の期間の特徴として，大規模業者が増加した一方で，1万軒ほどの酒造業者が姿を消したわけであったから，小規模・零細業者の没落が多かったことになる。

また，1,000石以上の酒造業者678のうち，近畿にあった業者は273であり，40.3％の割合である。これは他の地域に比べると，圧倒的な集中度であり，近

畿に大規模業者が集中していたことをあらわしている。とくに灘地区は代表的な酒造地であった[10]。

酒の流通は，従来より問屋主導型の流通システムであった。明治後期以降，灘の酒造業者は，問屋主導型の流通システムからの脱却を試みると同時に，原料米契約栽培に乗り出して酒の質を高め，生産の大規模化を推進しようとした。それにともなう動きが，酒造業における会社組織化であった[11]。

白鶴の場合，卸販売部門である大阪店の嘉納治兵衛（かのうじへえ）が，1897（明治30）年に嘉納合名会社を設立した。1907（明治40）年には醸造部門である嘉納治郎右衛門（かのうじろうえもん）を，合名会社本嘉納商店とした後，1911（明治44）年に嘉納合名会社が合名会社本嘉納商店を吸収合併した[12]。合名会社の出資社員は，主人の嘉納治兵衛（1万5千円），その妻の嘉納ケイ（5千円），治兵衛の長男の嘉納純（3万円）であり，合計5万円を資本金とした。第三者の出資や，持分の譲渡は認めておらず，家族による封鎖的所有であった[13]。

一方，1889（明治22）年4月に西宮企業会社が設立された。これが日本盛の起こりである。西宮の青年らによって結成された南摂青年協会が，主として学術研究を行うことを目的としていたのに対して，その別働隊として，1888（明治21）年4月に青年有為会が組織された。青年有為会は，産業勃興を目的としていた。青年有為会のメンバーが，西宮で興す事業として選んだのが酒造業であった。起業に際しては，株式会社形態が採用された。機能資本家と持分資本家との不特定多数が結合し，同族的性格は薄かった。同社が，青年有為会の幹部らが中心となって設立されたという性格による。資本金1万5千円は，15名の株主によって払い込まれ，うち青年有為会の会員は11名であった[14]。

白鶴の場合，事業の規模拡大が会社形態の変化につながったものの，合名会社にとどまり，白鶴酒造株式会社として株式会社となったのは戦後の1947（昭和22）年のことであった。それは，同社が，家族・同族による封鎖的所有に固持したためである。他方で，日本盛の場合，西宮での起業を目的として，地元有志が集まって出資したことから，封鎖的所有に固持する理由は乏しく，株式会社の形態をいち早く取り入れることができた。

第4節　まとめ

　以上3つの事例をまとめると，以下のようである。

　大規模な事業展開に際しては，個人企業という枠にとどまることなく，会社形態を導入する必要に迫られるが，どのような会社形態を選択するかは，出資者の性格によるところが大きかった。株式会社は，不特定多数から大規模な資金を調達するためには最も優れた形態であるが，他人資本の割合が高まることが懸念であった。それでも事業展開の仕方によっては，他人の資本を仰ぐ必要が生じた。封鎖的所有を極力固持した財閥であっても，傘下企業については，徐々に株式会社への移行をすすめた。税制上の理由もあったが，大規模な事業展開にともなう資金需要を，家族・同族以外からも求める手段として，株式会社の形態が選択されたのであった[15]。

【用語解説】
三井八郎兵衛高利：三井家の創業者。三井家は，明治期に三井財閥を形成し，戦後の三井グループの基礎を構築した。
大元方：三井家9家の資産を一括所有する組織
渋沢栄一：明治の実業家で，財界のリーダー的存在として影響力をもった。
鐘淵紡績：日本最大規模の紡績会社であったが，現在は，化粧品ブランドのカネボウが，その系譜をひくにとどまっている。
大阪紡績：日本の最初の大規模紡績会社で，現在は東洋紡となっている。
白鶴：白鶴酒造の代表的ブランド。
日本盛：西宮酒造の代表的ブランド。

【注】
1）これまでにも，法人税率はたびたび改正されており，1987年以降は段階的に引き下げられている。1987年以前の基本税率は43.3％であった。法人税率の推移について詳しくは，財務省ホームページにある「法人課税に関する基本的な資料」を参照されたい。（http://www.mof.go.jp/tax_policy/summary/corporation/c01.htm）
　なお，所得税率の推移については，財務省ホームページにある「所得税の税率構造の推移」を参照されたい。

(http://www.mof.go.jp/tax_policy/summary/income/035.htm)
2）「個人企業経済調査結果（構造編）平成28年結果の概要」（総務省統計局），48頁。
3）小松章（2006）88-91頁。
4）宮本又郎（2010）149頁。
5）宮本又郎（1999）326頁。
6）宮本又郎（2010）149頁。
7）宇田川勝・中村青志編（1999），164，170頁。
8）錘とは，糸を紡ぎながら巻き取る道具で，錘数は，紡績機械の生産規模をあらわらす。
9）宮本又郎（1999）245頁。
10）桜井宏年（1982）57-60頁。
11）二宮麻里（2016）第1章。
12）白鶴酒造株式会社社史編纂室編（1977）217-218頁。
13）白鶴酒造株式会社社史編纂室編（1977）218-222頁。
14）西宮酒造株式会社社史編纂室編（1989）37-39頁。
15）宮本又郎（1999）325-327頁。

【参考文献】
宮本又郎（2010）『日本企業経営史研究』有斐閣。
宮本又郎（1999）『日本の近代11　企業家たちの挑戦』中央公論新社。
小松章（2006）『企業形態論（第3版）』新世社。
宇田川勝・中村青志編（1999）『マテリアル日本経営史』有斐閣。
二宮麻里（2016）『酒類流通システムのダイナミズム』有斐閣。
桜井宏年（1982）『清酒業の歴史と産業組織の研究』中央公論事業出版。
西宮酒造株式会社社史編纂室編（1989）『西宮酒造100年史』西宮酒造株式会社。
白鶴酒造株式会社社史編纂室編（1977）『白鶴二百三十年の歩み』白鶴酒造株式会社。

第2章
大企業成立の背景と展開
―大企業出現の日米比較―

> **要 旨**
>
> 　本章ではアメリカならびに日本において，大企業がどのように成立したのかを歴史的な視点から説明していく。まず，アメリカのビジネス的な価値観の形成に影響を与えたピューリタン的労働観と，アメリカ開拓の歴史，市場の発展について説明する。さらに，アメリカ大企業の成立過程において特徴的にみられた垂直統合について，シンガー・ミシンの事例を取り上げて説明していく。
>
> 　次に，日本のビジネス的な価値観の形成に影響を与えた国家的事業観と近代化的な工業化の歴史について説明する。さらに，日本大企業の成立過程において特徴的にみられた多角化と財閥の形成について，三菱財閥の事例を取り上げて説明する。

第1節　アメリカにおける大企業の成立

1-1　ビジネスパーソンの価値観形成

　19世紀最後の4半世紀頃，大企業（big business）が地上に姿を現した。舞台となった場はアメリカであった。アメリカは1620年にイギリスから渡ってきたピューリタン（清教徒），いわゆるピルグリム・ファーザーズにより本格的な開拓がなされた地であった。ピルグリム・ファーザーズはイングランド国教会からの分離・独立を求めたために，母国イギリスで迫害を受けた人々であった。彼らは労働，質素，誠実という3つの徳性に価値を見出しており，当時のヨーロッパ文明を堕落したものと考えていた。そこで信仰の自由と理想とする地域社会の建設を目的に，貨物船・メイフラワー号に乗り，新大陸アメリカに渡った（山田 1978，井上 1987）。

　新天地で彼らを待ち受けていたのは自然の脅威であった。ニューイングランド・プリマスの地に辿りついたピルグリム・ファーザーズ102名のうち，約半数はその年の冬を越すことができなかった。過酷な環境のなかでの生活が始まった。ピューリタン神学では地上の世界は神と悪魔との絶えざる戦いの場であると考えられている。したがって，彼らにとって自然との戦いは悪魔との戦いであり，これを克服することに宗教的な意味があった。ピルグリム・ファーザーズやその血を引く人々は，信仰心のもと新大陸の開拓に乗り出した（山田 1978）。

　ピューリタンが抱く価値観や新天地での経験は，アメリカにおけるビジネスパーソンの行動に影響を与えた。ピューリタンは贅沢や浪費を禁じ，信仰と労働に集中することで神に救われると考えていた。労働のなかから無駄を排除して合理的に活動することを奨励した。労働の結果としてもたらされる利潤は神から授かった恩恵であり，それらは私欲を満たすためにではなく，事業の再投資や慈善活動などによって社会に還元すべきであると考えていた（Weber 1934）。

　このようなピューリタン的労働観は近代的・合理的な資本主義の精神に適合

し，近代資本主義をアメリカに根づかせることになった。ピューリタンが抱く宗教的な価値観は時代の移り変わりとともに薄まるものの，同国の経営風土（business climate）に多大な影響を与えた。封建社会にみられる階級意識が希薄であったアメリカでは，ビジネスパーソンの社会的地位はヨーロッパの国々と較べて高いものになった。

また，新天地で育まれた開拓者精神は，危険を犯してまで新規事業に乗り出そうとする企業家活動に結びついた。冒険と革新を奨励する精神はアメリカ企業の成長・発展を支える源となった。

1-2　全国市場の出現

イギリスの植民地として開拓されたアメリカは1776年7月4日に独立宣言を行い，独立戦争（1775～83年）を経て分離・独立した。それまでは宗主国イギリスと競合するような産業，例えば毛織物，帽子，鉄加工などにおいては産業発展を阻害する制約が課せられていたが，独立国となることで諸制限が取り除かれ，工業化への道が開かれた。木綿工業，紡績機械工業の発達を皮切りに工業国への離陸（take-off）を果たした（井上 1987）。

一方でアメリカにおいては，工業の勃興とともに物流・交通システムの整備が進められた。19世紀前半の蒸気船の開発と運河建設，19世紀後半の鉄道建設と電信の発展により，都市と都市が結ばれた。貨物の輸送時間が短縮されるとともに，輸送コストが下がった。アメリカ全土を網羅する全国市場が出現した。

しかも，アメリカの人口は自然増加とヨーロッパを中心とする国々からの移民の流入により，19世紀中頃に約2,500万人であったものが，19世紀末には約7,600万人となった。市場の規模が拡大した。大規模な全国市場の誕生は企業家精神（entrepreneurship）を刺激した（井上 1987，大東 2004a）。

自由と機会の国であったアメリカでは，ビジネス的な能力と機会があれば誰でも成功者になりうる可能性が保障されていた。既述のとおり，ピューリタン的労働観の影響を受け，アメリカ社会では利潤の追求が肯定された。公平な競争環境のなかで勤勉に働き，財を築いた者に対して尊敬の眼差しが向けられた。

例えば，鉄鋼王として知られるアンドリュー・カーネギーはスコットランドからの貧しい移民の家に生まれたが，自らの才覚と努力で成功を収めた人物であった。彼は事業を売却して巨万の富を得た後に，図書館，学校，大学などの創設に資金を提供し，教育や文化の振興・発展に貢献した。カーネギーのように赤貧のなかから富豪への道を歩んだ者の立志伝は，多くの人々に夢と希望を与えた。

1-3　垂直統合型企業の誕生

　小規模な企業が大企業へと成長するプロセスはさまざまであるが，アメリカ企業に特徴的にみられたものは垂直統合（vertical integration）による成長であった。垂直統合とは，製品組立を行っていた企業が製品の販売といった事業分野に自ら進出することや（前方統合：forward integration），他社から調達していた原材料や部品の調達といった事業分野に自ら進出すること（後方統合：backward integration）をいう。

　ここでは垂直統合による企業の大規模化に関する理解を深めるために，シンガー・ミシンの歴史を振り返ることにしよう。シンガー・ミシンは1851年にニューヨークにて誕生した企業である。創業者はアイザック・メリット・シンガーであった。彼はドイツ系移民の子として生まれ，俳優として一座を率いていた人物であった。シンガーには発明家としての才能もあり，多くの者が実用化を目指していたミシンの改良に成功し，特許を取得した。その特許技術をもとに，シンガーは産業用ミシンの生産を手掛け，さらには家庭用ミシンの生産にまで事業を拡大した。

　当時のアメリカ市場には，労働力節約型製品に対する潜在的な需要があった。広大な土地を開拓する必要があったアメリカでは，慢性的に労働力が不足していた。一方で，移民として海を渡ってくる人々の多くが熟練技術を持っていなかったことから，労働力としての質の問題もあった。そのために農業用機械，タイプライター，金銭登録機そしてミシンなどのように，合理的な手段で労働力を補ってくれる製品の誕生が待ち望まれていた。

ただ，ミシンのように新たに発明された製品はこれまでに存在しなかったものであることから，人々はその利便性や使用方法がわからなかった。需要があるといっても，それはまだ「潜在的な需要」であった。実演販売などにより，商品に対する認知を高め，「顕在的な需要」に変える必要があった。

　また，ミシンは長期に渡り使用される製品，いわゆる耐久消費財であることから，故障時の修理や補修部品の供給など，アフターサービスも必要であった。さらには高額な商品であることから，現金での一括購入以外の販売方法を用意する必要もあった。

　このように，どんなに技術的に優れた発明品であっても，顧客がその存在すら知らない，あるいは知っていたとしても購入することができなければ，商品としての価値はなかった。発明品を経済的な価値を生み出す商品へと変えるビジネス的な仕組みが必要であった。

　商品を顧客に販売する手段として，既存の卸売商や小売商に委託するという方法がある。当初，シンガー・ミシンも自社の商品を専属的に扱ってくれる代理業者に依頼し，ミシンを販売した。ところが，代理業者には機械に関する専門的な知識がなかったため，製品の修理ができなかったほか，実演販売も上手くはなかった。また，顧客が商品代金の分割払いを望んだとしても，その要望に応えることができなかった。ミシンの販売台数は伸び悩んだ。

　しかも，代理業者による在庫管理にも問題があった。代理業者は在庫が底をつくまで待ち，無くなりかけると大量の商品をすぐに送り届けるように注文してきた。受注量の変化が激しく，工場では計画的・安定的にミシンを生産することができなかった。代理業者からシンガー・ミシンへの売上金の送金も遅れがちで，財務に影響を与えた（Chandler 1977）。

　こうした問題を抱えたことから，シンガー・ミシンは自ら流通・販売体制の構築に乗り出した。垂直統合のなかの前方統合である。全国の大都市に本店，各州の郡都に支店，支店から直接に管理できない地域の町に準支店，準支店を設置できない小さな町に駐在員を置き，流通経路（distribution channel）を構築した。各支店には部下の管理や売上金の集金を担当する管理者や，女性の実

演宣伝員，修理やメンテナンスを担当する機械工，商品を売る販売員が置かれた。販売員が戸別訪問による商品の説明と使用方法の指導を行った。商品の購入に際しては，月賦販売という金融サービスを提供した。

こうした組織的なマーケティング活動の展開により，商品の出荷から顧客の手に渡るまでの流れを円滑にするとともに，本部への資金の流れを安定的なものにした。シンガー・ミシンは製造企業が小売までを手掛けた先駆的な企業となった（Chandler 1977，大東 2004a，Jones 2005）。

シンガー・ミシン製のミシンに対する需要は急速に高まった。大量に押し寄せる商品受注の波に対し，シンガー・ミシンは1874年にニュージャージー州エリザベスポートに世界最大のミシン工場を建設した。アメリカ製造企業の特徴として，互換性部品（interchangeable parts）を用いたモノづくりがある。互換性部品は部品の形状を規格に従って均一に生産し，他の部品と置き換えても同じ機能を果たすことができるようにしたものである。互換性部品を用いることで，流れ作業による最終製品の大量生産が可能になる。このようなモノづくりをアメリカ式製造方式と呼ぶ。シンガー・ミシンの工場でも互換性部品を用いたミシンの大量生産が行われた。ただ，実際には完全な部品の互換性は実現できておらず，組立段階でヤスリがけによる調整が行われていた（Hounshell 1984）。

当初，シンガー・ミシンでは部品を企業外部の部品製造企業から購入していたが，生産効率を高めるために次第に自社で生産するようになった。垂直統合のなかの後方統合である。工場では部品の鋳造，生産，塗装，最終製品の組立といった作業工程を連続して行う一貫生産体制が構築された。生産設備への大規模な投資も行われ，大量生産を実現した（桑原 2002）。

このようにシンガー・ミシンは垂直統合による大量生産・大量販売体制を築き，大企業としての道を歩んだ。シンガー・ミシンはアメリカで開発した販売方法を海外にも持ち込み，世界的な規模でミシンを販売した。1914年時点で，世界で販売されたミシンの約90％をシンガー・ミシンが手掛けた（Jones 2005）。

1-4　合併運動の展開と企業の巨大化

　19世紀後半，アメリカではシンガー・ミシンのような垂直統合型の企業が次々と誕生した。生産技術の向上とともに生産効率が高まった。ところが，これら企業の先に待っていたのは過剰生産の脅威であった。物価の全般的な下落傾向と不況の波により，企業は経営危機に陥るようになった。市場を巡る激しい競争に敗れるか，勝ったとしても企業体力を奪われるような状況になった。

　こうした状況に直面し，競争を回避しようとする動きが生じた。企業間での生産協定や価格協定の締結であった。しかし，協定の違反者に対する法的な罰則がなかったために，実際にはこれら協定の締結は競争を制限する効力をもたなかった。

　そこで，競争を回避するもうひとつの手段として採られたものが，企業同士の合併であった。競合企業を減らすことで，競争圧力を低下させようとするものであった。19世紀末から20世紀初めにかけて，とくに1895年から1904年にかけての10年間に企業の合併が活発に行われた。この間に大規模なものだけで157件の合併があり，それに伴い毎年300社の企業が消滅した。活発な企業の合併運動が展開された結果，ゼネラル・エレクトリック，U. S. スチール，ナビスコ，アメリカン・タバコなど，20世紀のアメリカを代表する企業が次々と誕生した。企業の規模はかつてないほど大規模なものとなった（大東 2004b）。

　こうした大合併運動はJ. P. モルガン商会に代表されるニューヨークの投資銀行が仲介し展開された。1890年頃まで，ニューヨークの証券市場では取引のほとんどを国債や公債，鉄道企業の有価証券が占めており，製造業の有価証券が扱われることはあまりなかった。しかし，競争が激化した製造業において業界再編の機運が高まると，投資銀行はこの動きを新たなビジネスチャンスとして捉えた。彼らは巨額の資金を動員して企業合併を促し，その過程で発行された株式を大衆投資家に売りさばき，利益を得た。

　このような大合併運動の結果，ニューヨークの証券市場に製造企業の株式が次々と上場された。資金調達において，株式発行による外部調達が積極的に取り入れられるようになった。それと同時に，株式所有の分散が進み，「所有と

経営の分離」(separation of ownership and management) という現象が進展した。巨大になった企業の経営は創業者とその一族に代わり，専門経営者 (salaried manager) とよばれる人々が担うようになった（大東 2004b）。

第2節　日本における大企業の成立

2-1　ビジネスに対する意識の変化

　アメリカにおける大企業の成立と合わせて，日本における大企業の成立についても歴史を振り返っておこう。日本は1868年の明治政府誕生まで，封建的な社会体制にあった。江戸時代末までに農業生産力が向上したほか，醸造業（酒，醤油など），紡糸・織物業，金属加工業，造船業などの手工業が発達し，全国的に商品生産が行われた。全国各地で生産された商品が江戸・大坂・京都の三都に運ばれ，活発な商取引が行われた（宮本 2014）。

　その日本において，近代国家への変化を促したのがペリー来航にみられる外圧であった。国内では幕藩体制のままにあった政治・経済体制への不満や不安が生じ，倒幕運動が展開された。やがて明治政府が発足し，近代国家への道のりを歩み始めた。工業化に遅れをとった日本においては，個人の努力だけで先進国企業に追いつくことは困難であった。また，近代的技術や外国市場の動向，国際金融に関する情報や知識が乏しいなかで，民間企業が欧米の近代的な生産様式を導入することも困難であった（杉山 1978）。

　そこで，日本においては政府が主導して工業化を進めた。欧米諸国に倣い，株式会社制度，銀行制度などを導入したほか，鉄道網や電話回線の敷設といった社会インフラの整備に乗り出した。八幡製鉄所，富岡製糸場などの官営工場が設立され，外国技術に基づく機械制大工場が運営された。政府は工業化に際し，先進国が開発した知識や技術，政策的な経験などを利用した。つまり，後発性の利益 (latecomer's advantage) を享受することで，可能な限り早く，欧米諸国へのキャッチアップを図ろうとしたのである（中川 1981）。

　ところで，近代企業の勃興に際し，政府が試みたもうひとつのものがビジネ

スパーソンの社会的地位向上であった。江戸時代には，士族の社会的地位が高かったのに対し，農業・工業・商業に従事する者の社会的地位が相対的に低かった。儒教的な影響を受け，賤商（せんしょう）思想や官尊民卑といった価値観が根深く残っており，利潤追求に対する偏見の目があった。そこで，政府は「文明開化」のスローガンの下，身分制度の廃止や経済活動の自由化を進めた。農商工の職業を合わせて「実業」という新たな言葉に置き換え，国民の意識を変えようとした（杉山1978，楊1994）。

　江戸から明治へと社会環境が変化するなかで，やがて多くの企業家が誕生した。500社以上の企業の設立に関わり「日本資本主義の父」と呼ばれた渋沢栄一，海運業者から飛躍し三菱財閥の基礎を築いた岩崎弥太郎（やたろう），イギリスで紡績技術を学び，帰国後に大阪紡績（現在の東洋紡の前身）の工務支配人として活躍した山辺丈夫（やまのべたけお）などであった。

　こうした企業家は自己の利益を追求するために事業活動を行うというよりも，事業活動を通じて国家の発展に貢献しようとする意識が強かった。事業活動への参加を国家的事業への参加と捉えており，国益との関わりのなかで個々の企業による利潤追求が行われた。政府は自ら官営企業を育成するほか，こうした企業家の活動を支援・保護した（杉山1978，宮本2014）。

　このように日本の工業化は政府主導で進められたが，それは同時に官僚界とビジネスの癒着という構造を生み出した。政府は大口の需要先でもあり，実業家は政商としての性格を持ち合わせることになった。

2-2　事業の多角化と財閥の形成

　日本における大企業の成立過程のなかで特徴的にみられたものが，多角化（diversification）による企業成長であった。多角化とは，新たな事業分野に進出することで，経営規模を拡大しようとする企業の戦略である。

　日本においては1880年代に明治政府が非能率な官営事業を，投下資本を下回る価格で民間に払下げたことで，事業の多角化が進んだ。払下げられた官営事業のなかには鉱業，紡績業，造船業などが含まれており，これら事業を政商が

引き取った。

　いくつかの官業払下げを受けて高度に多角化した企業は，やがて財閥を形成した。財閥とは同族資本を基礎に多角的に事業を営む企業体のことである。三井，三菱，住友，安田の四大財閥がよく知られている。各財閥は軽工業，造船業，鉱業，化学工業，製鉄業といった製造業のほかに，これら企業に資金を供給する銀行や，原材料調達や製品販売などを担う総合商社を傘下に置き，大規模な企業集団をつくりだした。

　日本においては日清戦争（1894-1895年），日露戦争（1904-1905年）を経て工業化が進み，さらに第一次世界大戦（1914-1918年）勃発の頃より重化学工業の発展をみることになるが，その中心的な担い手となったのが財閥であった。

　ここでは，多角化による大企業の成立過程に関する理解を深めるために，三菱財閥の歴史を振り返ることにしよう。三菱財閥は土佐藩（現在の高知県）の出身で，士族の家に生まれた岩崎弥太郎によって礎が築かれた。士族といっても岩崎家は無禄無役の地下浪人（じげろうにん）であり，裕福な家庭ではなかった。

　弥太郎は少年期に歴史や詩文の勉学に励み，青年期には安積艮斎（あさかごんさい）の見山楼や吉田東洋の少林塾に入塾し，知見を広げた。そして1867年に長崎にて土佐藩営の商会の主任に就任し，輸出入貿易や船舶の運営管理に携わった。やがて明治政府が発足し藩営事業を禁止すると，弥太郎は藩営の海運事業を引き継ぎ，九十九（くじゅうく）商会を発足させた。九十九商会は大阪―東京，神戸―高知間の海運事業を展開した。九十九商会が1872年に三川（みつかわ）商会に改称され，さらに三菱商会へと改組されると，弥太郎は同商会の社主となった（石井 2014）。

　三菱商会は佐賀の乱（1874年）や，同年の台湾出兵の際に明治政府からの軍事輸送業務を請負い，政商として活躍した。1875年には日本国郵便蒸気船舶を合併し，郵便汽船三菱会社へと改称した。弥太郎は三菱の海運力が日本の発展を強力に推し進めるものになるとし，国家的事業という観点から政府支援をとりつけた。三菱は事業を拡大し，1870年代末には日本の海運業を支配するようになった（Blackford 1988）。

　しかし，三菱の後ろ盾となっていた大隈重信が明治十四年の政変で失脚する

と，状況が変わった。1882年に三井資本系の共同運輸が設立され，政府保護の重点が同社に移ると，三菱の業績が悪化した（石井 2014）。

こうしたなか，弥太郎の死去に伴い2代目社長に就任したのが岩崎弥之助であった。弥之助は弥太郎の弟であり，アメリカ留学の経験もある人物であった。彼は郵便汽船三菱会社と共同運輸の合同を進めて日本郵船を発足させるとともに，三菱を海運事業から撤退させた。1886年に社名を三菱社に改め，翌年には政府からの払下げを受け，長崎造船所と高島炭鉱の経営に乗り出した（杉山 1978，石井 2014）。

1893年には社名を三菱合資会社へと改め，翌年には岩崎久弥が3代目社長に就任した。久弥は初代社長・弥太郎の長男であり，彼もまたアメリカ留学の経験があった。久弥は2代目社長・弥之助が進めていた事業多角化の方針を引き継ぎ，福岡・筑豊や北海道・美唄の炭坑経営，佐渡金山や生野銀山の鉱山業に参入したほか，神戸造船所や彦島造船所（現在の下関造船所）の事業を拡大した。このほか，麒麟麦酒（現在のキリンビール），日本セルロイド人造絹糸（現在のダイセル），日本窒素肥料（現在のチッソ）などへの出資・支援も行った。

ただ，事業の多角化が進むと，事業管理が複雑なものとなった。そこで銀行部，売炭部，鉱山部などの「部」を設置し，管理体制の整備に乗り出した。さらに1908年には鉱業部，銀行部，造船部の3部を独立採算制の事業とする組織体制へと変革した（杉山 1978，石井 2014）。

1906年には岩崎小弥太が4代目社長に就任した。小弥太は2代目社長・弥之助の長男であり，イギリス留学の経験があった。小弥太は重工業部門の拡大を図り，三菱内燃機製造（現在の三菱重工）での航空機の生産や，三菱電機での発電機および各種電気機器の開発を進めた。また，日本化成工業（現在の三菱ケミカル）や新興人絹（現在の三菱ケミカル）を設立するなど，化学部門の拡充を図った（石井 2014）。

こうしたなか，三菱合資会社では1917年に持株会社化を進めた。持株会社とは，他の企業を経営支配することを目的に，当該企業の株式を保有する会社のことをいう。三菱は持株会社を頂点に直系子会社・傍系子会社を，さらにはそ

れら企業の下に子会社を置き，ピラミッド型の組織機構を構築した。各子会社の経営を大学を卒業した専門経営者の手に委ねた。

第3節　日米にみる大企業の成立過程

　本章では，アメリカおよび日本における大企業の成立を歴史的な視点からみてきた。ここでは両者を比較し，大企業成立に関する差異や共通性を確認しておこう。

　まず，利潤追求に対する社会的価値観やビジネスパーソンに対する社会的評価という観点からみた時，アメリカではピューリタン的労働観からの影響を受け，企業の利潤追求が肯定された。勤勉であることが信仰的に重要なものであり，利潤は神から与えられた恩恵であると考えられていた。封建社会ではなかったアメリカにおいてはビジネスパーソンの社会的地位も高かった。

　一方で，日本においては儒教的な影響から，利潤追求は卑しい邪道な精神であるとみなされていたが，近代化への道のりのなかで国家への貢献という捉え方において利潤追求が肯定された。また，政府が中心となってビジネスパーソンの社会的地位向上に努めた。このようにアメリカと日本では利潤追求という価値観への捉え方やビジネスパーソンに対する社会的位置づけは異なるものの，その価値観や行動を肯定することで大企業が育つ土壌ができたといえる。

　大企業の成立過程においては，アメリカでは垂直統合が特徴的なものとなった。市場規模や商品特性，アメリカ式製造方式などを背景に，部品や原材料の調達から，製品の組立て，最終製品の販売までを自社で一貫して行う体制が築かれた。大量生産・大量販売がアメリカ企業の成長を促した。さらには投資銀行が仲介した大合併運動の展開により，企業の規模が巨大化した。

　他方，日本においては官営企業の払下げを契機とする事業の多角化が大企業の誕生を促した。財閥とよばれる多様な事業を内包した企業集団が形成された。資金を供給する銀行や，部品・原材料の調達や製品販売を担う総合商社が，企業集団内の事業を分業的に担った。

このように，両国にみられる大企業の成立過程には異なる発展プロセスがみられた。ただ，20世紀は大企業の時代であり，これら企業がそれぞれの国，そして世界の経済発展を担う原動力となったことは共通してみられる現象であった。

【用語解説】
経営風土：企業が活動する場に存在する社会的・文化的な価値観や環境のこと。
垂直統合：企業が製品の開発，生産，販売などの一連の活動を自社ですべて行うこと。
多角化：企業が多分野にわたり事業活動の場を拡大すること。

【参考文献】
Blackford Mansel, G.（1988）*The rise of modern business in Great Britain, The United States and Japan*, The University of North Carolina Press.（三島康雄監訳『ビッグ・ビジネスの比較経営史―イギリス，アメリカおよび日本―』同文舘，1988年）。

Chandler, Jr. Alfred D.（1977）*The Visible Hand: The Managerial Revolution in American Business*. The Belknap Press of Harvard University Press.（鳥羽欽一郎・小林袈裟治訳『経営者の時代（下）』東洋経済新報社，1979年）。

大東英祐（2004a）「垂直統合とアメリカの現代企業」鈴木良隆・大東英祐・武田晴人『ビジネスの歴史』有斐閣。

大東英祐（2004b）「アメリカにおける経営者企業の成立」鈴木良隆・大東英祐・武田晴人『ビジネスの歴史』有斐閣。

Hounshell David, A.（1984）*From the American system to mass production, 1800-1932: The development of manufacturing technology in the United States*, The Johns Hopkins University Press.（和田一夫・金井光太朗・藤原道夫訳『アメリカン・システムから大量生産へ　1800～1932』名古屋大学出版会，1998年）。

井上忠勝（1987）『アメリカ企業経営史研究』神戸大学経済経営研究所。

石井里枝（2014）「財閥の多角化と組織」宮本又郎・岡部桂史・平野恭平編『1からの経営史』碩学舎。

Jones, Geoffrey（2005）*Multinationals and global capitalism: from the 19th to the 21st century*, Oxford University Press.（安室憲一・梅野巨利訳『国際経営講義』有斐閣，2007年）。

桑原哲也（2002）「初期多国籍企業の対日投資と民族企業：シンガーミシンと日本のミシン企業，1901年～1960年代」『国民経済雑誌』（神戸大学）第185巻第5号，

45-64頁。
宮本又郎（2014）「江戸時代の経営」宮本又郎・岡部桂史・平野恭平編『1からの経営史』碩学舎。
中川敬一郎（1981）『比較経営史序説』東京大学出版会。
杉山和雄（1978）「日本―集団主義的志向の国―」米川伸一編『ヨーロッパ・アメリカ・日本の経営風土』有斐閣。
Weber Max (1934) *Die protestantische Ethik und der Geist des Kapitalismus*, Tübingen J. C. B. Mohr.（大塚久雄訳『プロテスタンティズムの倫理と資本主義の精神』岩波書店，1988年）。
山田正喜子（1978）「アメリカ―ビッグ・ビジネス＝ビジネス・エリートの国―」米川伸一編『ヨーロッパ・アメリカ・日本の経営風土』有斐閣。
楊　天溢（1994）「企業者の形成」大澤 豊・一寸木俊昭・津田眞澂・土屋守章・二村敏子・諸井勝之助編『経営史』有斐閣。

第3章
企業の姿をとらえる手法
―BS/PLなどを使って―

要　旨

　本章では，経営分析，すなわち財務諸表を通して企業の経営を把握・分析する手法について学習する。

　財務諸表とは，企業の日々の経済活動を記録する簿記，およびその結果を集計・整理して報告する会計の営みによるものであり，具体的には貸借対照表，損益計算書，キャッシュ・フロー計算書などがある。

　財務諸表を用いた経営分析では，財務諸表上の各種の数値を用いて経営指標を算出し，業界平均や競合他社，同じ企業の過年度の数値と比較することで，企業のさまざまな能力をみる。

　まず，分析の手法を学ぶ前提として，主要な財務諸表である貸借対照表，損益計算書の構造と見方を解説する。その上で，事例を用いながら，損益計算書から企業の収益性を，貸借対照表から企業の安全性をみる各指標を紹介する。

はじめに──企業の簿記・会計と経営分析

　生産・流通・消費といった経済活動は，人類の営みのなかで最も基本的・中心的なものである。現代では，生産・流通の面において，企業，とくに株式会社が重要な役割を果たしており，社会的にも重大な影響力をもっている。

　簿記とは，そうした経済活動を帳簿に記録・集計する技術であり，経済活動によって得られた利益を計算したり，金銭や在庫品，債権・債務などの在高の記録を通じて財産の管理などにも利用される。

　そうした簿記による，企業の日々の経済活動の記録から，結果を報告書の形でまとめ，企業の経営者や株主などに報告するのが会計の役割である。決算において年間の記録が集計され，経済活動をより正確に表現するための決算整理の処理が加えられ，その結果が財務諸表という書類によって報告される。財務諸表は貸借対照表，損益計算書，キャッシュ・フロー計算書などからなる。

　企業の生産・販売活動が大規模化し，巨額の資金が必要とされ，企業に出資する株主の人数が増えてくると，配当できる金額を計算するため，利益の金額を正確に報告する必要が生じる。とくに，過大な配当を行ってしまうと，企業から本来配当にまわすべきではない資金も流出してしまい，最悪の場合は企業の倒産に帰結する。それゆえ，企業に貸付を行っている金融機関や，取引先といった債権者のためにも，会計は必要なものとなる。これら債権者には，利益の計算のほかにも，企業の財政状態からみた支払い能力の分析も重要視される。また，法人税など，企業の利益にかかる税金の計算の基礎にもなるため，国にとっても会計は大きな関心の対象であるし，会計数値は証券市場における投資家の株式売買の判断の基礎となるため，社会的な余剰資金の適切な配分のためにも必要とされており，国家財政・国民経済との結びつきも強くなっている。

　そのため，今日においては会計は法制度化され，会社法，法人税法，金融商品取引法といった法律や，さまざまな会計基準によって，その作成方法などが規定されている（このように制度化された会計を「会計制度」という）。

　財務諸表は企業の経営状態を知る重要なツールとなるため，経営者にも経営

管理のために利用されることは言うまでもない。同時に，財務諸表は，従業員・労働組合が自分たちの働く企業の現状や課題を把握するためにも重要なものとなりうるし，巨大株式会社が社会的な影響力を有するとともに，事故や公害，過労死，品質偽装やデータの改ざんなど，さまざまな不祥事もたえない今日においては，広く国民にとっても，企業経営の実態を知るための手掛かりとなる。

さて，本章のテーマである，財務諸表を通して，さまざまな利害関係者の立場から企業の経営を把握・分析する技術のことを「経営分析」という。

そこでまず，経営分析の前提となる財務諸表（紙幅の制約により，最も基本的である貸借対照表と損益計算書のみ扱う）のしくみ・構造を解説し，その後に損益計算書と貸借対照表のそれぞれを用いた分析の手法を紹介する。

なお，本格的な経営分析においては，対象企業の最低5年分の財務諸表を用意し，その推移を検討すること（趨勢分析）と，さまざまな指標を算出して競合他社や統計データと比較すること（比率分析）の両者からなるが，本章ではそのうち後者につき，代表的な指標を事例を用いつつ解説することとする。

また，会計数値からのみ企業の実態を把握することは不可能であり，対象企業の現状や歴史を踏まえ，市場や外部環境についての分析も必要となる。そうした総合的な分析を行うためには，本書の他の章で解説されている経営学の諸分野の知識も身に付ける必要がある。

第1節　貸借対照表

1-1　貸借対照表の構造と見方 ①

財務諸表のうち，貸借対照表は企業の「財政状態」を示すものである。

まず，貸借対照表の基本的な構造を確認する。図3-1に示したように，貸借対照表は左右に分かれており，左側は「資産の部」，右側は上から「負債の部」，「純資産の部」となっている。

資産とは，有形・無形の会社の財産である。財産といえばまず思い浮かぶのは現金や預金であろう。それ以外にも，在庫品（商品や製品，原材料や加工途中

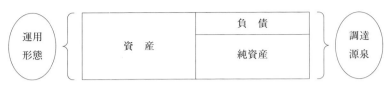

図3-1　貸借対照表の基本構造

である仕掛品。これらを総称して「たな卸資産」という）や，事業活動を行う上で必要な機械装置，土地，建物，車両（これら比較的長期に使用され，有形の資産を「有形固定資産」と呼ぶ）も資産に含まれる。また，こうした目に見え，形のある資産のほかにも，経済的価値をもたらす法的な権利（債権）も資産に含まれる。たとえば，得意先に商品を販売したが代金が未回収の場合，取引先への代金請求権を有しているので，その権利は売掛金として資産の部に表示されるし，他社にお金を貸していれば，返済請求権が貸付金として表示される。同様に，余剰資金の運用や企業グループ形成のために保有している他社の株式（前者は有価証券，後者は関連会社株式として表示される）も資産の項目である。

　一方，負債は「マイナスの財産」であり，将来，企業の財産を減少させるものである（資産を「積極財産」，負債を「消極財産」と呼ぶこともある）。その多くが，将来，他社に経済的価値を提供しなければならない（すなわち，お金を支払わなければならない）法的な義務（債務）である。たとえば，仕入先から商品や原材料を仕入れたが，代金が未決済の場合，近い将来に仕入先へ代金を支払う義務を有しているので，その義務は買掛金として負債の部に表示されるし，金融機関などからお金を借りていれば，その返済義務が借入金として表示される。

　上記の資産と負債に比べると，純資産という概念は理解が難しい。しかし，会計学の初学者はさしあたり，次のように考えればよい。先述のように，資産が財産であるのに対して，負債はマイナスの財産である。いま，ある会社が保有する資産の価値が1億円であるのに対し，その負債は7,000万円であるとすると，仮にいま，全資産でもって全負債を返済した場合，会社に残るのは1億円－7,000万円で3,000万円の財産であろう。すなわち，会社の正味の財産は3,000万であったことになるが，この3,000万円が純資産なのである（もっとも，

貸借対照表の資産の各項目の金額は必ずしも，資産を売却処分した場合の価値を表しているわけでなく，また，すべての負債の返済期限が一度に来ることも現実にはありえないため，あくまで純資産概念をおおざっぱに理解してもらうための例え話である）。つまり，

$$資産 - 負債 = 純資産$$

という等式で，純資産が表されるのである（「純資産等式」）。純資産の項目は，配当可能利益の算定等のため，会社法の規定により複雑となっているが，大きく，①会社の法的な所有者である株主からの出資金（いわゆる「元手」），および②企業活動により獲得した利益の蓄積，からなる。①については資本金，②については利益剰余金といった項目がある。

ところで，この純資産等式を変形すると，

$$資産 = 負債 + 純資産$$

という式が成立する。これは「貸借対照表等式」と呼ばれるものであり，図3-1に示したように，この等式に基づき，貸借対照表の左側（資産の部）の金額の合計，右側（負債の部と純資産の部）の金額の合計は常に一致する。こうした構造から，貸借対照表は英語では「バランスシート（Balance Sheet）」と呼ばれる。

こうした構造上の特徴は，貸借対照表を読み取り，企業の財政状態を考える上での重要なポイントともなる。すなわち，貸借対照表の右側（負債の部・純資産の部）は企業がどのようにして，どれだけ資金を集めてきたか（「資金の調達源泉」）を示し，左側（資産の部）は企業がその調達してきた資金を，どのような資産に，どれだけあてているかというポジション（「資金の運用形態」）を示しているのである。

1-2 貸借対照表の構造と見方 ②

貸借対照表は，さらに図3-2のように細かく分類される場合が多い。以下

の分類は，後ほど紹介する貸借対照表を用いた企業分析において有用なものとなる。

資産の部がさらに「流動資産」と「固定資産」に，負債の部が「流動負債」と「固定負債」に区分けされている。純資産は「株主資本」のほかさまざまな項目からなるが，先述のように会社法の規定により複雑化されており，資産の部と負債の部のみ扱うこととする。

まず，資産の部の流動資産である。流動資産とは，「短期に現金化する資産」のことを指す。具体的には，①「正常営業循環基準」，②「ワンイヤー・ルール」により，各資産項目は流動資産であるか否か（流動資産でなければ固定資産となる）判断される。

正常営業循環基準とは，「原材料・商品を仕入れる→製品を製造する→商品・製品を販売する→売上代金を回収する→仕入代金を支払う」という一連の流れのなかに位置するかどうかで，資産の流動性を判断する基準である（図3-3）。

それゆえ，資産項目のうち，商品や原材料，製品といったたな卸資産，売掛金や支払手形といった売上債権，現金などはこの基準により流動資産に分類されることになる。

また，営業循環の外にある資産はワンイヤー・ルールで判断される。ワンイヤー・ルールとは，「1年以内に現金化されるか」という基準である。そのため，1年以内に返済を受ける貸付金（「短期貸付金」）や短期売買目的で保有する有価証券は流動資産に分類される。

流動資産	流動負債
固定資産	固定負債
	株主資本　その他

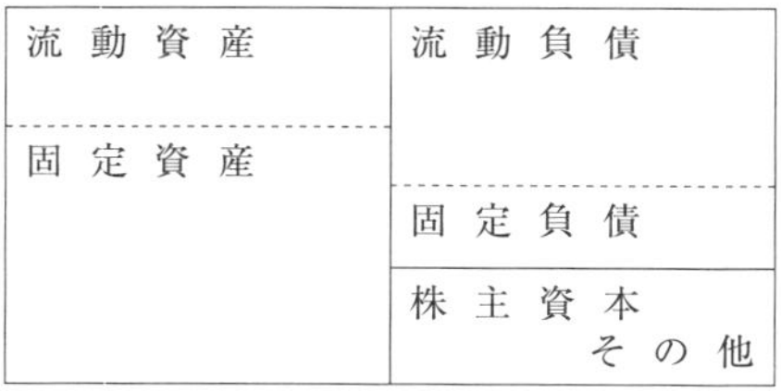

図3-2　貸借対照表の構造

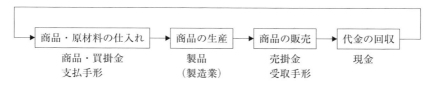

図3-3　正常営業循環基準（日々の営業活動の中にあるかどうか）

　一方で，固定資産は正常営業循環基準にもワンイヤー・ルールにも当たらない資産である。土地や建物，機械設備といった有形固定資産，ソフトウェアや特許権などの「無形固定資産」，長期の貸付金や子会社・関連会社の株式等がそれにあたる。

　負債の部については，流動負債とは「短期に返済期限の到来する負債」である。負債の部においても，流動か固定かの判断は，正常営業循環基準とワンイヤー・ルールでなされる。正常営業循環基準により，買掛金や支払手形といった仕入債務は流動負債に分類される。また，ワンイヤー・ルールを負債に適用する際には，「返済期限が1年以内に到来するか否か」となり，返済期限が1年以内の借入金なども含まれる。

　それに対して，固定負債は長期借入金（返済期限が1年以上先の借入金）や社債等である。

第2節　損益計算書

　貸借対照表が企業の財政状態を示す財務諸表であるのに対し，損益計算書は企業の「経営成績」を表示する。ここで経営成績とは，一期間に「どれだけ利益を出せたか」ということを指す。企業の利益（当期純利益）は，

　　　収益－費用＝当期純利益（マイナスであるなら当期純損失）

という式で計算されるが，損益計算書では，単に「利益（損失）がいくらであったか」だけでなく，その原因を知ることができるよう，形式が工夫されて

売上高	10,000
－売上原価	8,000
売上総利益	2,000
－販売費及び一般管理費	1,200
営業利益	800
＋営業外収益	100
－営業外費用	400
経常利益	500
＋特別利益	300
－特別損失	600
税引き前当期純利益	200
－法人税等	80
当期純利益	120

図3-4　損益計算書の構造

いる（図3-4）。以下，その構造を解説する。

　図表に示したように，単に企業の最終的な利益である当期純利益を計算するだけでなく，上から，段階的に収益の項目を足し，費用の項目を引くことで，① 売上総利益，② 営業利益，③ 経常利益，④ 税引前当期純利益，を経て，⑤ 当期純利益を5段階にわたり計算する構造となっている。

　まず，1年間の商品や製品等の販売高を示す「売上高（収益）」から，「売上原価（費用）」を差し引いて「売上総利益」を算出する。商品売買業の場合，売上原価は販売した商品の仕入れ値であるのに対し，製造業の場合は材料費のほかに，製造現場での人件費（労務費）や，その他製造にかかった経費（水道光熱費や，機械設備や工場の減価償却費）といった製造コストが含まれていることに留意する必要がある。こうして求められる売上総利益は，商品や製品の販売による利益であり，「粗利益」と呼ばれることもある。

　次に，売上総利益から「販売費及び一般管理費（費用）」を引き，「営業利益」を計算する。製造業の場合，製造コストが売上原価であった一方，製品販

売のための広告宣伝費や営業マンの給料が「販売費」，本社スタッフの給料や役員報酬，本社でかかるさまざまな経費（本社ビルの家賃や水道光熱費など）が「一般管理費」となる。商品売買業の場合，人件費や家賃，水道光熱費や減価償却費など，いわゆる「経費」が販売費及び一般管理費に含まれると考えて良い。こうして計算される営業利益は，企業の生産・販売活動による利益であるため「本業での利益」と呼ばれる。

その営業利益に「営業外収益」を足し「営業外費用」を引いたものが「経常利益」である。「営業外」とは「本業以外」ということであるが，主として金融活動に関わるものであり，営業外収益としては余剰資金の運用による受取配当金や受取利息，営業外費用としては金融機関等からの借入れによる支払利息などがあげられる。金融活動も企業の日常的な活動であり，経常的に発生するものである。それゆえ経常利益は，「企業の実力での利益」などと呼ばれる。

特別利益・特別損失は字の通り，「まれにしか発生しない（非経常的）」ものである。不動産業者でない企業が，遊休資産として保有していた土地を売却し売却益をあげれば特別利益となり，災害で工場が消失して損失が発生すれば特別損失となるのである。「税引前当期純利益」が，経常利益からそれらを足し引きすることで求められる。

そして税引前当期純利益から，企業の利益に課せられる税金（法人税・事業税・住民税，あわせて「法人税等」という）を引き，企業の最終的な利益である当期純利益が求められるのである。

仮に製品の製造コストを低く抑えて売上総利益をたくさん出していても，販売費及び一般管理費をコントロールできていなければ営業利益の段階で赤字になることもある。また，経常利益の段階で赤字を出しているが，経営者がそれを補填する目的で遊休資産を売却，特別利益を計上することで当期純利益の段階では黒字にすることもありうる。損益計算書では，性質の違う利益を，5段階で計算することで，企業が利益（損失）を出した原因を知ることができるのである。

なお，ここまでとくに触れてこなかったが，貸借対照表と損益計算書はとも

に簿記による記録をもとに作成され，相互に結びつきをもったものである。

たとえば費用の一項目として「減価償却費」というものがある。これは，機械設備や建物といった有形固定資産を，購入した年に一度に全額，購入代金を費用計上せず，一旦資産として計上しておき，その後各期にわたり費用化していくものである。金額の大きい有形固定資産が，購入時には取得価額で貸借対照表に計上され，その後使用していくにつれ，価値の減少分が毎年の損益計算書に減価償却費として計上されていくとともに，貸借対照表の有形固定資産の金額が減少されていくのである。これは，長期にわたり使用する有形固定資産の購入金額を一度に費用とせず，使用期間（「耐用年数」という）にわたり減価償却費という費用として配分されていくことで，適正にそれぞれの期の当期純利益を計算していくのである。

これはあくまで一例であるが，こうした貸借対照表と損益計算書の連携のしくみは，簿記の学習をすることを通じて身につけられ，経営分析においても各指標の深い理解のためには必要とされるので，合わせて学習するのが望ましい。

第3節　経営分析の基本的な指標

さて，ようやく財務諸表の基本的な構造・しくみの解説がおわり，経営分析の手法の紹介に入ることができる。経営分析では，さまざまな指標（比率）を分析の用具として用いる。利益率や原価率など，企業の能力をパーセントで表すことで，売上高や総資産など，規模の違う企業同士でも比較することができるようになるためである。以下では，事例も用いながら，その代表的なものを紹介したい。

3-1　損益計算書を用いた収益性の分析

先ほどの財務諸表の解説とは前後するが，まず，損益計算書を用いた経営分析の指標から紹介したい。損益計算書を用いた分析の指標では，企業の「収益力」，すなわち利益を稼ぐ力をみることができる。

こうした指標は，基本的に売上高を分母として，さまざまな費用項目，あるいは各種の利益を分子として求められる。

たとえば，「売上高原価率」は以下のようにしてもとめられる。

$$売上高原価率 = \frac{売上原価}{売上高}$$

これは，企業の売上高に占める売上原価（商品売買業であれば商品の仕入れ値，製造業であれば製造コスト）の割合から，商品の販売（製品の製造）における収益力をみるのである。この比率が高ければ，安く仕入れた商品（安く造った製品）を，高く販売できていることになるので，それだけその企業の収益力は高いといえるだろう。

以下，ともに喫茶店チェーンを営む「銀座ルノアール」と「スターバックス・コーヒー・ジャパン」の売上高原価率を算出してみた（表3-1）。

同業他社といっても，売上高をみても銀座ルノアールが約65億7,400万円であるのに対して，スターバックスは1,256億6,600万円であり，大きく離れている。比率を用いることで，こうした規模の差異が捨象され，同じ土俵で比較ができるのである。

売上高原価率はスターバックスが26.23％であるのに対して，銀座ルノアールは12.26％であり，同じ喫茶店チェーンであるものの，銀座ルノアールのほうがより原価率が低くなっている（ちなみに，全「飲食サービス業」平均では35.03％である（財務省「2015年度法人企業統計」より））。

売上高原価率同様，販売費および一般管理費（販管費）や，さまざまな費用

表3-1　銀座ルノアールとスターバックスの売上高原価率

（単位：百万円）

	売上高	売上原価	売上高原価率
銀座ルノアール	6,574	806	12.26％
スターバックス	125,666	32,972	26.23％

表3-2　銀座ルノアールとスターバックスの売上高と各種費用の比率

(単位：％)

		銀座ルノアール	スターバックス
売上高販管費比率		81.58	65.05
販管費の構成項目	売上高人件費比率	31.53	28.08
	売上高家賃比率	25.43	11.49
	売上高減価償却比率	3.06	3.81
	売上高ロイヤリティ比率	0.00	5.54

項目を分母にした指標がある。分析を進めるため，以下，銀座ルノアールとスターバックスの各指標を示す（表3-2）。

さきほどみたように，売上高原価率は銀座ルノアールのほうが低かったが，売上高販管費比率については，スターバックスの方が低く，売上高に占める各種経費の合計の割合は低くなっている。具体的には，売上高人件費比率が約3ポイント，売上高家賃比率が約14ポイント，スターバックスが下回っており，銀座ルノアールには発生していない「支払ロイヤリティ」が5.54％あるものの，販管費全体としても約17ポイント低いものとなっているのである。

今度は，売上高に占める利益の割合をみる指標をみてみよう。こうした比率は，当然，高いほうが売上高からみて多くの利益をあげることができていることになるので，高いほうが収益力は高いといえる。

$$売上高利益率 = \frac{各種の利益}{売上高}$$

引き続き銀座ルノアールとスターバックスの，売上高総利益率（売上高に占める売上総利益の比率），売上高営業利益率をみてみよう（表3-3）。

さきほどみたように，売上高に占める売上原価の割合の低い銀座ルノアールのほうが，約14ポイント売上高総利益率が高いものとなっているが，スターバックスのほうが販売費および一般管理費の比率が低いことから，売上高営業

表3-3　銀座ルノアールとスターバックスの利益率

(単位：%)

	銀座ルノアール	スターバックス
売上高総利益率	87.70	73.76
売上高営業利益率	6.17	8.71

利益率が約2ポイント高くなっている。

3-2　貸借対照表を用いた安全性の分析

　貸借対照表も損益計算書と同様に，各項目の金額を用いた指標を算出することで，企業の経営状態の把握に役立てることができる。損益計算書の項目を用いた指標では収益性の分析を行ったが，貸借対照表の項目を用いることで，企業の「安全性」を分析できる。

　経営分析における「安全性」とは，「企業が倒産する（つぶれる）可能性はどの程度低いか」ということを指している。「倒産」という言葉の定義は明確ではないが，端的にいえば，経営状態の悪化等を原因として企業が資金不足に陥り，負債の返済や各種の支払いができなくなり，経営活動を継続することが困難となった状況になることを指す。とくに，連続して手形の不渡り（取引先へ代金の支払いのために手形を振り出したものの，約束した期日に銀行の当座預金口座に手形の代金の用意ができず，取引先への手形代金の支払いが行われないこと）を出し，銀行との取引が停止にされた場合が典型例とされる。

　企業の安全性を分析する指標として，「流動比率」を紹介する。算式は以下の通りである。

$$流動比率 = \frac{流動資産}{流動負債}$$

　先述のように，流動資産は現金・預金のほか，売上債権やたな卸資産，短期の売買目的の有価証券など，比較的短期に（おおよそ1年以内に）現金化する

資産である。一方，流動負債とは，仕入債務や短期借入金など，1年以内に支払いの期日をむかえる負債である。

　この流動比率は，分子の流動資産が分母の流動負債に比べてどの程度多いか，すなわち短期に現金化する資産を，短期に返済期日が来る負債の返済にどれだけ充てることができるかということから，流動負債の返済能力をみるのである。この比率が高いほど，流動負債の返済に余裕があるといえるので，流動比率は企業の短期的な安全性をみる指標だといわれている。この数値が100％を大きく下回るならば，一般に流動負債の返済の原資となる流動資産が不足しており，倒産の危険性を考慮する必要がある。

　ところで，この流動比率を利用するにあたっては，業種別の資金繰りの特殊性も留意すべきである。たとえば，中小企業庁『中小企業実態基本調査（2016年度）』をもとに算出すると，中小の「宿泊業，飲食サービス業」の流動比率は73.50％であって100％を切っており，中小企業全体での163.88％に比べてもかなり低いものとなっている。また個別企業に目を向けてみると，鉄道事業を中核としたJR東海では68.46％，電力会社の中部電力は67.62％（いずれも2017年3月期，連結）であり，ともに有名大企業であるにもかかわらず100％以下となっている。しかし，上記の数値から，これら業種・企業はみな，流動負債の返済能力が低く，安全性に問題があるといえるわけではない。飲食業は，食材を掛けで仕入れること（買掛金）はあっても，多くの客は現金払いであろう。すなわち，ある時点（決算日）において流動資産が少なくても，日々現金収入があり，それを流動負債の返済にあてることができるのである。この点は，日々の運賃収入がある鉄道業や，月々の電気料金の支払いを受ける電力業も同様であり，経営分析において指標の数値だけにとらわれると，企業経営の実態を見誤るということのよい一例といえるだろう。

【参考文献】
山口孝・山口不二夫・山口由二（1996）『企業分析―事例による資料の見方から評価・解釈まで―』白桃書房。

第4章
企業活動の国際展開
―日本企業の国際化―

> **要 旨**
>
> 本章では，企業活動の国際化のプロセスを概観する。現在日本企業の多くが，規模の大小を問わず海外企業との関連の中で事業活動を展開している。何故国内だけで事業活動をしている企業が，多くの経営資源を使用してまで国境を越えて，事業活動を展開しようとするのか。これは研究者のみならず多くのビジネスパーソンにとって興味・関心の尽きない現象である。本章では企業活動の国際化の一般的なプロセスである輸出から現地生産に至るまでを取り上げ概観したい。次に企業の国際化の理論のなかで代表的なものを取り上げて内容を確認する。そして具体的事例として，トヨタを例にとり，戦後から1980年代半ば頃までの期間における国際化の足跡をたどってみたい。国内生産・輸出を経てアメリカに進出し，GM（General Motors）との合弁事業（joint venture），ケンタッキー州での単独生産への流れを確認したい。当初日本企業は輸出で国際化を図ってきたが，戦略転換し現地生産に乗り出した。その背後にあるものは何か，軌道に乗せるための条件は何であったかをトヨタを事例に探ることを目的としたい。

はじめに

　今や国際化・グローバル化は日常と化し，なかでも経済のグローバル化は顕著である。1989年を境とする東西冷戦の終焉とともに，旧社会主義国市場の資本主義国市場への編入，中国の市場経済導入の本格化を経て世界には巨大な市場が出現した。こうした市場を結ぶ役割を担う国境を越えて活動する多国籍企業（multinational enterprise）の活動が関心を集めている。多国籍企業による国際的な事業活動が本格的に展開し始めたのは1960年代のことであるが，活動を展開し始めた多国籍企業を分析し研究しようとする研究者は，それらの行動の展開に沿って理論構築に努めてきた。

　本章において，輸出から現地生産に至る企業の国際化のプロセスを概観し，その後多国籍企業を取り扱った理論であるハイマーの対外事業活動の理論，バーノンのプロダクト・ライフ・サイクル理論を取り上げたい。最後に，トヨタを事例に取り上げ戦後の輸出から現地生産への展開を概観したい。

第1節　企業国際化のプロセス

　企業はどのような段階を経て国際的に事業活動を展開していくのであろうか。ここではその一般的なプロセスをみていくことにする。国際的に事業活動を展開していくうえでいくつか方法がある。それらは輸出，技術供与，現地生産といった方法であり，これらのどれを選択し，どのように組み合わせるかが企業にとって重要な意思決定となる。輸出（export）は企業内に保有する経営資源（managerial resources）を活用し，変換活動を通じて産出した製品を自社保有の資源あるいは商社などを利用して，国外へ販売することである。日本企業は，戦前戦後を通じて自社で生産した製品の輸出を行う場合，商社など貿易仲介業者を通じて行う間接輸出が一般的であった。その後，次第に直接輸出（企業独自の輸出活動）に移行していった。間接輸出から直接輸出への移行の契機となるのは，輸出製品の高度化と間接輸出の限界であった。

1-1　間接輸出・直接輸出

　戦前，戦後を通じ日本の製造企業は，海外市場に製品を輸出する場合，商社など貿易仲介業者を経由して貿易活動を行う間接輸出を展開してきた。間接輸出は，1970年代初め頃まで日本からの輸出全体において重要な位置を占めていた。この間接輸出方式が選択された事情はいくつかある。まず，企業が独力で輸出を実行するには，資金力の面で制約があり，戦後の企業にとっては輸出を独自に行うための資金力がなかったのである。さらに国内だけで事業を展開してきた企業が輸出を開始しようとする時，いくつか克服しなければならない課題があった。はじめて国際事業活動に参入（entry）を試みる企業にとって，海外市場は未知の領域であり，貿易に関する知識や実務経験は十分ではなく，海外の現地市場について情報を収集し分析することは容易ではなかった。貿易業務を担当する要員を自社内で養成するとなれば時間と費用がかかる。さらに自力で輸出活動するには，進出先の市場において独自の販売網を構築しなければならない。こうしたことを企業単位で実行しようとすれば多額の投資が必要となる。戦後間もない時期における日本企業の多くがこれらを自力で賄える資金的余裕がなかったのである。こうした状況を克服するために日本企業は商社など貿易仲介業者を通じての輸出を選択した。国際事業活動の初期段階では，企業が輸出しようとする製品は，高度な技術力を駆使して製造したものとは違い，販売上あまり差別化する要素が少ないものであった。こうしたことも間接輸出に依存する傾向を作り出したという。1970年代初め頃までの主な輸出品は，鉄鋼，化学肥料など高度な技術をともなうものではなかったことがそれである。

　一方，直接輸出とは，企業が自社内に貿易専門部署を設置し，さらに海外現地市場に社員を派遣して駐在員事務所を設立し，その後さらに現地販売会社を設立するなど，企業独自で輸出活動を展開することをさす。当初は間接輸出から開始し，そして直接輸出に移行するのであるが，移行する際の要因は何であろうか。その大きな要因として輸出製品の変化をあげることができる。1960年代半ば頃から輸出製品の内訳が，自動車，カラーテレビなどの家電製品，電子機器，工作機械など高度な技術に基づく製品へと変化し始めた。もうひとつは，

間接輸出それ自体がもつ限界によるものである。基本的に間接輸出は，企業と現地市場を商社が結びつけている。商社の介在により現地市場のニーズや動向を企業が直接知ることができない。つまり，企業から現地市場の取引業者や消費者に直接伝えたい情報や，あるいは企業が知りたい現地市場のニーズなどの情報が商社を通じて伝達されるため直接に，しかも円滑に伝わらないという事情があった。製品の高度化への対応や間接輸出の限界を克服するため比較的規模の大きな企業は，直接的な輸出活動を強化し展開することを選択した（吉沢 2008）。

1-2　輸出から現地生産への移行の背景

　輸出から海外現地生産に転換する理由は，企業によってさまざまである。いくつか代表的な理由を列記すると次のようである。まず，現地で日本より低い人件費で労働力を確保でき，日本国内で生産するよりも現地生産のほうがコストの面で有利であるコスト要因，海外現地市場の近くで生産することで現地市場のニーズを迅速に把握しそれを製品生産に反映できること，関税障壁の内側で生産することにより，日本からの輸送コストや保険料の節約ができること，現地政府が行うさまざまな輸入制限や為替リスクを回避できること，など多様である（池本 1990）。

　輸出から現地生産への移行を促進した要因は日本企業の場合その多くが国内要因ではなく国外要因であった。輸出依存の戦略からの転換を余儀なくされた背景には，東南アジア諸国においては経済発展に伴う現地政府による政策の変化であり，欧米諸国においては日本との貿易摩擦の深刻化による保護主義の台頭であった。日本企業にとって東南アジアなど発展途上国は重要な輸出市場であった。そこにおける現地生産は，1960年代後半から70年代前半にかけて本格化した。なぜ現地生産が進展したかといえば，これらの国々において工業化を進展させるための輸入代替工業化政策をとり始めたことがそれである。現地国政府は，この政策に基づき自国企業の成長を保護するために関税を引き上げるなど輸入を抑制する動きにでた。こうした事態に日本企業は輸出市場の喪失を

恐れ，東南アジア各国で輸出を現地生産に一部代替する戦略を選択した。また一方で，現地国政府は日本企業など外国企業の進出と現地生産を誘致するため各種の優遇措置を講じるなど，日本企業を含む外国企業を誘致し自国の経済発展に利用しようとしたのである。

アメリカやヨーロッパにおいては1970年代以降日本企業による現地生産が急速に開始された。日本企業による欧米での現地生産の展開は，各国における保護主義的貿易政策の実施が主な原因のひとつとされている。欧米へ日本からカラーテレビ，自動車，工作機械などの輸出が急増し，日本と欧米各国間で深刻な貿易摩擦を引き起こした。そのためヨーロッパ各国は日本から急増する輸入を規制する保護主義的貿易政策の実施を模索した。日本企業はこれまで輸出により確保してきた市場を失う事態に直面し，市場防衛のための現地生産に乗り出したのである。

1-3　海外現地生産の進展

現地生産が開始されると，次の段階として研究開発（R&D）機能が部分的に本国本社から移転され現地で展開されるようになる。これは現地で研究開発の必要性が高まることを背景に開始される。その最大の要因は，現地の市場のニーズに適合する製品の研究開発という製品の現地適応化への対応である。現地のニーズに的確にしかも迅速に対応するには，現地における研究開発活動が不可欠の要素となってくる。この研究開発の一部現地においての展開は今後ますます企業にとって重要な戦略的意思決定となってくる。

第2節　日本企業の海外直接投資

2-1　戦後の海外直接投資の推移

日本企業は1951年から海外直接投資（Foreign Direct Investment 以下FDIと略記）を開始した。当初は資源獲得のための投資と輸出促進のための投資が中心であり，中東，中南米，アジア，北米への投資が目立っていた。1963年頃から，

日本がOECD（経済協力開発機構）に加盟するなど日本がいよいよ開かれた経済への道を歩み始める時期を反映してFDIは多様化の様相を呈し始めた。1968年以降は日本の輸出の拡大と貿易黒字の拡大期になる。依然として資源確保や輸出促進のための投資を中心として続いた。1972年以降は，FDIの本格化が顕著となり，1968年から71年ごろの期間に比較して4倍に拡大した。この時期の特徴は，先進国に向けた輸出促進のための投資，発展途上国向けの製造業投資であった。日本は1976年から77年にかけて欧米との間で貿易摩擦を経験した。貿易摩擦への対応として1978年10月末に1ドル＝176円へと円高に誘導したため，輸出代替としてFDIは大きく伸びることになった（池本 1981）。

　次に，この時期以降における日本自動車産業の海外進出を例にとり，その様子を概観したい。1973年の第1次石油危機，1979年の第2次石油危機を経験し，世界経済は不況の局面を迎えた。石油危機に端を発した不況は，世界の自動車市場において燃費のよい小型車に消費者の注目が集まり始めるきっかけを作り出し，小型車に需要が集中する現象を引き起こした。この現象は大型車生産はアメリカ，小型車生産は日本・ヨーロッパという世界の自動車生産の分業体制を根底から揺り動かすことになった。この小型車シフトに直面したアメリカ・ビッグ・スリー（フォード，GM，クライスラー）は小型車生産に乗り出した。アメリカ，日本，ヨーロッパの自動車企業は小型車分野で激しく競い合う時代へ突入していった。

　この時期に，小型車生産において優位性を持つ日本の自動車企業各社は，世界市場，とりわけアメリカ市場に向けた自動車輸出を増加させた。アメリカ自動車企業も小型車の開発・生産にシフトを試みたものの手間取り，日本製の小型車はまたたく間にアメリカ市場を席巻し始めた。伝統的に大型車の生産を得意としてきたアメリカ自動車企業各社には「大型車は利益も大，小型車は利益も小」という固定観念があり，自動車生産に占める小型車のウエイトはきわめて小さかった。石油危機により，予想以上に大型車離れが進み，燃費がよい輸入小型車の販売は好調に推移した。アメリカ市場への好調な輸出に支えられた日本の自動車企業各社の生産台数は，軒並み増加した。1981年にはアメリカ自

動車企業の生産台数を凌駕し，日本を世界1位の自動車生産国へと躍進させた。しかしながら，世界市場への自動車の供給の急増は，アメリカ，ヨーロッパ諸国との間において深刻な自動車貿易摩擦を引き起こした（松浦 1990）。

2-2　日米自動車企業の対応

　アメリカ自動車市場では折からの景気後退による自動車需要の低迷と，日本からの輸入車の急増により，ビッグ・スリー各社は深刻な販売不振に直面した。3社ともに業績が急速に悪化し，経営危機が表面化し，大量のレイ・オフが実施され，社会問題となった。アメリカ議会内においても日本車の輸入規制やむなしの声が日増しに強くなっていったが，時のレーガン政権は自由貿易堅持の立場をとり事態は膠着状態となった。また一方で，アメリカの自動車業界やUAW（全米自動車労働組合：United Auto Workers）から日本自動車企業のアメリカへの工場進出を望む声も出始めた。日本の自動車企業各社は，アメリカ進出に対しては，アメリカ国内の高賃金水準，日本とは違う労使関係への懸念などを考慮し，進出に対しては消極的な態度に終始していた。そうしている間にも，日米自動車貿易摩擦は深刻さを増し，日本政府は対米自動車輸出台数を自主規制する政治的決着に向けた政策の検討に入った。この結果，1981年対米自動車輸出台数の自主規制を実施すると発表し，同年から向こう3年間168万台を年間の上限とする輸出枠設定を正式に表明した。これにより両国間の自動車貿易摩擦はひとまず収束が図られた。自主規制にともない輸出台数を制限された自動車企業各社に，それまでの完成車輸出に重点をおく戦略の見直しを余儀なくされた。各社は海外現地生産の展開，技術供与，販売提携などにより市場の確保を図る政策へ転換を迫られたのである。日米間でのこのような事態に対してホンダは1980年1月にいち早くアメリカで乗用車生産のための工場を建設すると発表した。日産も同年4月には1983年小型トラックの組立工場を建設し稼働すると表明するなど，アメリカ進出を相次いで公表した。トヨタについても対米進出を考慮させる事態となった（吉沢 2008）。

第3節　企業国際化の理論

多国籍企業研究者が構築に取り組んできた国際経営の理論について，その概要を明らかにする。アハローニの経営者理論，ハイマーの対外事業活動の理論，バーノンのプロダクト・ライフ・サイクル理論，ラグマンの内部化理論，ダニングの折衷理論など多国籍企業に関する理論や学説が存在するが，ここではそれらの中で二つの理論についてみる。

3-1　ハイマーの対外事業活動の理論

ハイマー（Hymer, S. H.）の貢献は，彼の学位請求論文（1960）の中で次のようなことを主張したことにまずに求められる。それまでどちらかといえば曖昧であった直接投資と証券投資を峻別したことがそれである。彼は投資先の現地企業の経営権を掌握し支配（control）を目的とした投資を直接投資（direct investment）と規定し，一方，株価の値上がりによる配当の増加など利得を期待した投資を証券投資（portfolio investment）と規定し，両者を明確に区分した。そのうえで企業はなぜ国境を越えて対外的に活動を展開するのかという問いに対して，ハイマーはミクロ経済学の一応用分野である産業組織論の見地に基づき個別の企業の行動を注視するという分析を始めた。その中で対外活動を誘発する要因として競争の排除と優位性の活用という概念を提示した。以下，2つの概念を概観する。

3-2　競争の排除

ハイマーは，企業の海外進出の理由として競争の排除をあげている。それは進出先国に存在する競争企業を買収等して自社の傘下に組み込むことを意味する。本来であるなら競争するはずの現地企業を自らのなかに取り込むことにより競争企業の数を減らし，寡占状態を作り出すことで競争状態を緩和することであるとした。この場合，典型的な例として考えることができるのは，国境を越えて相互依存の関係にある企業同士の場合である。どちらか一方の企業が他

方の企業を統合することで競争を排除できるとし，両者が経営を統合したほうが結果として得られる利潤を最大化できる，と予想されるとき競争排除を目的に海外直接投資が誘発されるとするものである。

3-3　優位性の活用

　もうひとつ，ハイマーは，企業はなぜ海外に進出し現地において経営活動を実行しようとするのかという疑問に，現地企業に対して償って余りあるなにかしらの優位性を保有していることが対外進出を誘発するという考えを提示した。企業が海外に進出し事業展開をしようとするとき，進出企業は現地企業に比較し劣位にある。たとえば，言語や文化の違い，現地国の法体系や政治に不慣れであること，現地市場に関するニーズの把握が困難なこと，現地商慣習について不慣れなこと，現地サプライヤー開拓が困難であること，流通ルートの構築が困難であること，現地政府の進出企業に対する諸規制が存在すること，その他さまざまな差別的待遇に遭遇することが予想される。こうしたことを考慮すると，海外市場に参入し現地において操業することは大きな困難が予想される。それでもなおかつ海外市場に参入し，現地において操業することを可能にするには，不利な条件を償って余りある優位性を現地企業に対して進出企業が所有していることが重要な条件であり，それが備っている企業が自国と同様に現地において事業活動を展開できるのではないかとハイマーは考えた。

3-4　ハイマー理論の成果と限界

　多国籍企業の行動を分析し説明する手法となっている産業や企業のミクロレベルでの説明方法は，ハイマーの研究の所産であり，ハイマーの研究があったればこそ可能となった。ハイマーの貢献は，海外直接投資は従来説明されてきた国家間の利子率の格差によって誘発されるというものではなく，企業が持つ何らかの優位性とそれをいかに活用するという個別の多国籍企業の行動であることを明らかにした。しかしながら，当時あまり一般的ではなかった国際戦略提携が近年増加している。この現象をみるならば，ハイマーが強調した支配の

概念は薄まってきており，またアメリカ企業が保有していた圧倒的な技術的優位性は，ヨーロッパや日本の企業の追い上げにより相対的に後退しているとみられる。こうした部分について説明していないという指摘がある。

第4節　プロダクト・ライフ・サイクル理論

次にプロダクト・ライフ・サイクル理論（product life cycle：以下PLC）に基づいて，国別に製品寿命の時期が異なることに注目し，この時期のずれを利用し，製造拠点を最初はアメリカ，次にアメリカに次ぐ先進国，そして発展途上国へと移転させることにより生産拠点の最適配置の可能性を提示したバーノン（Vernon, R.）のPLC理論をみていく。

4-1　プロダクト・ライフ・サイクルに依拠する理論

アメリカ，ハーバード大学ビジネス・スクールにおける多国籍企業に関する大規模な研究の理論的基礎を提供したのがバーノンのPLC理論である。この理論が登場するまでは，国家間における貿易活動についての説明は，もっぱら市場の完全競争を前提とした比較生産費に基づく理論が支配的な考え方であり，それにより説明されてきた。しかしバーノンは，独自の見解を示しアメリカ企業の多国籍化を説明した。バーノンは国家間の技術格差に注目し，技術的優位の点でアメリカをその頂点に据えて，アメリカを頂点とする国際分業体制の構築という国際分業モデルを提示した（吉沢 2010）。

4-2　プロダクト・ライフ・サイクル理論の概要

まずバーノンが着眼したのは，第2次世界大戦終結後から1960年代半ば頃までのアメリカの工業における技術水準の高さである。またアメリカは資本や資源は豊富に賦存し，1人あたりの国民所得も高かったことにも注目した。こうした状況において高所得者向けや労働節約型の新製品に対する需要が生まれ，それらが開発され，量産化が世界で1番早くアメリカで実現するとした。そし

てその製品はアメリカ企業によってグローバルに供給されるようになる。そして輸出が順調に進展すると，海外市場に一定の市場を形成するようになるとした。しかし，現地の潜在的な競争企業が成長し台頭し始めると，それまで確保してきた市場を喪失するかもしれないという脅威に遭遇することになる。こうなると当該製品の輸出企業は，市場喪失を恐れ海外現地に進出し現地において生産を開始するに至るとするのである。

4-3 プロダクト・ライフ・サイクルの各段階

　第1の段階において，まずアメリカで労働節約型，高所得者向け製品への需要が生まれ，アメリカ企業はこうした需要を素早くキャッチし，製品開発に取りかかり，新製品が誕生する。それら新製品は市場に導入される。この段階ではそれらは国内で生産がなされることになる。これは新製品が普及し始める頃は，主な顧客は高所得者や一部マニア的な人々であるため，新製品に対する価格の弾力性は低いことが考慮され国内での生産が最適とされる。また当初は生産工程が安定していないことから生じる不測の事態への対応のために市場に近いところでの生産が選好される。第2段階になると，当該製品は普及が進み成熟化の段階に入る。この段階では生産工程は安定に至る。さらに製品の標準化が進み量産効果が期待され，規模の経済が実現される。これにより価格の低下が実現され，それにつれてさらに需要は急速に拡大する。この段階に至るとアメリカ国内のみならず，アメリカ以外の国々でも当該製品に対する需要が発生し始める。アメリカ企業は当初輸出によりそうした需要に応えることになる。この段階になるとアメリカ国内あるいは海外において競争企業が出現しだし，コスト引き下げをめぐる競争は激化し始める。この段階では当該製品の開発企業は，製品の生産コストの一層の低減を実現するためにアメリカに次ぐ先進国に生産立地を求めて製造拠点を移転する行動をとり始め，現地において生産を開始するようになる。

　さらに第3段階に進むと製品は標準化段階に達し，当該製品に対する価格弾力性は一段と高まってくる。したがって価格が競争力を決定する要因になるた

め，さらに価格競争力を高める対応が求められる。そのため生産コストをさらに低く抑えることを可能にするため，アメリカに次ぐ先進国から発展途上国への生産立地の移転が課題となる。先進国からさらに生産コストが低い立地を求めて発展途上国に移転が実行されるのである。この段階になると，アメリカはもはや当該製品の輸入国へとその地位を変えることになる。バーノンはこうした説明を通じて，輸出と直接投資の関係を説明しようとした（江夏ほか 1993）。

4-4　プロダクト・ライフ・サイクル理論の限界

　バーノンが提起したPLC理論は，アメリカを頂点にして，アメリカに次ぐ先進国，さらに発展途上国へという流れの中で3者をリンクさせ，アメリカで開発された製品がどのような経路を通り，発展途上国での生産までたどり着くかを解明したものといえる。製品寿命のプロセスを理論的に説明し，企業がどのようにFDIを試みるか分析しようとした。また革新的な製品を生み出す企業のイノベーション能力に注目し，アメリカ企業がその役割を担っているという位置づけをした。アメリカからアメリカに次ぐ先進国，そして発展途上国へ生産立地が移転していく一連の姿を描き出した。

　このPLC理論が開発されたのは1960年代でのことであった。この理論はこの時代のアメリカ多国籍企業の行動を説明することに成功した。しかし1970年代に入ると状況の変化が起こってくる。すなわちヨーロッパや日本の企業の多国籍化が進行し，この理論では説明できない行動を取り始める。それはヨーロッパや日本の多国籍企業による対米直接投資，アメリカ，ヨーロッパ，日本の多国籍企業による多国籍的同時生産の開始などである。こうしたことがこのアメリカを頂点とする理論の限界を示しているとされる（吉沢 2010）。

第5節　事例研究

5-1　トヨタの国際化のプロセス

1．戦後輸出の再開とランドクルーザー

　1945年8月の終戦から数年間トヨタは苦難の道を歩んだ。爆撃による被害は比較的軽微にあったものの，海外資産を喪失し，これら施設からの引揚者や復員した従業員を迎え入れなければならなかった。そこへ連合国総司令部（GHQ）は日本政府に対する指令第1号で陸海軍の解体とともに軍需産業の生産停止を命じた。しかし間もなくGHQは，1945年9月25日付の覚書で，各工場手持ちの資材および今後の配給資材の枠内でトラックに限り製造することを許可し，さらに翌翌年47年6月3日付の覚書で，排気量1,500cc以下の小型乗用車の年間300台の製造を許可した。トヨタが第2次世界大戦後，輸出を再開したのは1947年のことであった。それはまだアメリカの施政権下にあった沖縄に向けBM型トラック1台の輸出であった。1950-51年頃にはトヨタの年間輸出台数は190台になった。その年の生産台数に対する輸出比率もわずかではあるが1.8％になった。その後は，一進一退で推移し，1950年代半ばに至って輸出台数は大きく伸び869台となったが，その数字はまだまだ1940年の戦前最高水準の1,643台の約半数にとどまっていた。その状況が1957年に大きく変化し4,117台，翌1958年5,523台，そして1959年には6,134台となり，輸出比率もそれぞれ5.6％，7.0％，6.1％となり，トヨタの輸出活動はいよいよ本格化し始めた。この時期のトヨタの輸出車の主力はトラックなどの商用車（トラック・バス）であった。1950年代商用車を中心に海外への輸出が増加するなかで，その先頭に立って活躍したのがランドクルーザー（Land Cruiser：トヨタの陸の巡洋艦）であった。このランドクルーザーは輸出開拓の尖兵となり南米や中近東などの諸国を中心にトヨタの輸出に大いに貢献するとともに，トヨタの名を世界に知らしめる役割を果たした（井上・吉沢 1995）。

2．アメリカへの完成車輸出の開始

　トラックなど商用車主体の輸出も徐々に変化を始める。トヨタは乗用車の開発を進め，クラウン，コロナなどを登場させたため，トヨタの生産・販売の軸は次第に商用車から乗用車に移行していった。1951年沖縄トヨタが設立され，1957年にはクラウンが初の国産車として100台ほどタクシーに採用された。次に輸出先に選ばれたのはアメリカである。当時のトヨタにすれば，乗用車をアメリカに輸出することなど「夢のような話」であった。1955年当時のアメリカではGMを筆頭とするビッグ・スリーの寡占体制が確立していた。1957年の景気後退を境に消費者の自動車ニーズが実用性，経済性重視へと変化し，ヨーロッパから燃費のよい小型車の輸入が増加し始めた。トヨタはこうした市場の変化をいち早く察知し，1957年8月にクラウンをアメリカにサンプル輸出した。同年トヨタはトヨタ自動車販売との折半出資により米国トヨタ（資本金100万ドル）を設立し，販売力の強化に乗り出した。同年には275台のクラウンをアメリカで販売する実績を残した。しかし，クラウンはアメリカにおいて徐々にその弱点をさらけ出した。それらはパワー不足，ボデーの過重，高速安定性の欠如などであり，しかも価格面でも現地競合他社に比較して競争力が乏しかった。

　その後，トヨタは1960年小型車ティアラ（対米輸出用のコロナ）を投入したが，これもアメリカのユーザーの満足を得ることはできなかった。トヨタはやむなく1960年末に米国市場からの撤退を決断した。トヨタは創業以来の乗用車の大量生産という壮大な願望を柱にその実現に向けて努力してきた。その実現については大量生産に対応すべき市場の存在が不可欠であり，乗用車の対米輸出はこの市場を求めての戦略的決定であった。そしてその戦略を実現するには，市場に適合する乗用車の保有が必要であった。しかしトヨタはその点において万全とは言いがたかった（井上・吉沢 1995）。

3．トヨタのアメリカ進出の経緯

　日米自動車貿易摩擦を契機にホンダ，日産をはじめトヨタもアメリカ進出の可能性について検討し始め調査研究を実施した。その検証内容は，トヨタに

とっては即座に対米進出を決断するものとはならなかった。アメリカ国内での生産開始については品質，生産性，労使関係の3点について特に企業努力が必要との指摘がなされ，アメリカへ進出し工場を操業することについての有利な点は見いだされなかったためだ。トヨタ側の姿勢とは逆にアメリカ各州から熱心な工場誘致の申し込みが相次いで寄せられた。また自動車企業のGMからも提携についての打診が入った。当時GMは小型車開発を急いでいたが，それらはいずれも市場から受け入れられることなく成功を収めていなかった。小型車開発に行き詰まりを感じていたGMにとって，小型車生産に優位性を持つトヨタと提携することは合理的な選択だった。トヨタと提携することによりGMは小型車生産についてノウハウを吸収できる機会を得ることができ，一方，トヨタにとってもアメリカ国内での自動車生産および販売についてノウハウを吸収できるまたとない機会となると判断した。それはトヨタにとっては，単独で進出するよりもGMと提携することにより現地生産のリスクを軽減でき，しかもアメリカ国内での自動車現地生産の経験を獲得できるという展望があった。ここに両社の利益の一致が見いだされた。

　GMとの提携交渉のなかで，両社折半による合弁会社（joint venture）を設立し，GMの所有する遊休自動車工場を利用し，1984年秋からカローラクラスの小型乗用車を年間20〜40万台の規模で生産したいという提案がGMよりなされた。その後のトヨタとGMの提携交渉はGMの遊休工場であるカリフォルニア州に所在するフリーモント（Fremont）工場の評価額を巡って難航したが，GM側の譲歩という形で決着が図られ，1983年2月15日に合意に達した。両社の提携合意によりアメリカでの合弁生産の実現に向けて大きく一歩を踏み出したが，そこには解決しなければならない課題がいくつかあった。ひとつは，FTC（アメリカ連邦取引委員会）の認可を受けること，もうひとつは，アメリカ現地での労務面での問題であった。第1の課題であるFTCの認可については，日米両国のトップ自動車企業同士の合弁生産ということで，同委員会からその影響の大きさに対する懸念が示されたのである。しかし，これについては合弁生産について期限を設け，合弁発足後12年間をもって一応解消するという

条件付きで1984年4月に正式に認可された。一方，労務問題については，交渉役が調整し，1983年9月にUAWとの間で趣意覚書（Letter of Intent）の調印に至った。労使関係については信頼関係の重視，労使協調体制による効率的な生産体制の実現などが盛り込まれていた。

5-2 トヨタとGMの合弁生産

　GMとの合弁生産を具体化する新社会としてNUMMI（New United Motor Manufacturing Inc.）が設立された。経営陣は，社長および副社長はトヨタの人材が就任した。NUMMIはトヨタ高岡工場をモデル工場として立ち上げることになっていたので，GMのスミス会長が見学のために来日した。スミス会長は，トヨタとGMは世界的な競争相手としながらも，合弁事業の経営により協調していけることが証明されたと述べ，この合弁事業の意義を強調した。旧GMフリーモント工場では生産開始に向けて準備に入った。この合弁では組立ラインについて特に工夫が凝らされた。従来一本の長大なラインが敷設されていたものを，いくつかに短く分割したことがそれである。これは従来の長大なラインに不具合が発生した場合にその場所を停止するとライン全体が停止してしまうことを避ける工夫であり，工程内で不具合が発生してもライン全体に影響がおよばないようにしたのである。トヨタ生産方式の導入については「日系自動車企業としての比較優位を現地において実現するためには，日本で開発されたソフトの管理方式をハードの設備とともに適応する必要がある。つまり高い品質と効率を実現する日本的な人的資源管理方式と生産管理方式を適用したことである」と評されている。この方式がこの合弁生産に導入され著しい効果が生じたという。それらの代表的な事例は，工場の生産効率の大幅な改善と従業員の欠勤率の改善である。労働生産性は約50％向上し，欠勤率は旧GM工場当時の20％から3％へと大幅に改善されたという。全米で効率がきわめて悪い工場のひとつとまで評された同工場が，いまや全米で最高の効率を誇る工場へと再生を遂げたのである（同工場はGMの業績悪化を理由に2010年4月操業停止）。

5-3　アメリカ進出の影響

　トヨタのアメリカへの進出の決定を受け，トヨタ・グループ各社や国内仕入先にも少なからず影響が及んだ。トヨタ・グループの主力企業である日本電装，豊田合成，アイシン精機等（いずれも当時の名称）がアメリカ進出した。このようにトヨタ・グループの有力企業が相次いでトヨタに追随してアメリカ進出を展開したことがそれである。これはトヨタがアメリカで現地生産を展開するうえでローカル・コンテンツ法（Local Contents）に定める現地調達率の基準を達成しなければならないという事情ばかりでなく，J. I. T.（ジャスト・イン・タイム：just in time）やかんばん方式に代表されるトヨタ生産方式を現地に導入するために是非とも作り出さなければならない環境条件だったからである。

5-4　ケンタッキー州への単独進出

　トヨタはNUMMIでの合弁生産を軌道に乗せアメリカでの現地生産についてのノウハウを着実に蓄積していた。一方で，トヨタに先行してアメリカで単独現地生産を開始していたホンダや日産の動向にも注目していた。1985年上期（1月～6月）のアメリカ国内の自動車市場での販売実績において，トヨタはホンダに販売台数でわずかではあるが水をあけられてしまった。加えて，日産が85年4月からセントラ（日本名サニー，1.6リッター）の本格的な生産を開始しており，トヨタにとってはさらにアメリカ市場における販売シェアの後退が予想された。ホンダや日産のアメリカ現地生産が両社の同国自動車市場における販売シェアの拡大に大いに貢献したことを学んだトヨタは，単独現地生産についてのそれまでの慎重な態度を改め，アメリカ市場で高い評価を得つつあったカムリ（中型車）の現地生産を模索し始めた。

　トヨタはGMとの合弁のNUMMIさらには単独でケンタッキー州にて現地生産を開始したが，これは決して容易なことではなかった。日本とアメリカという地理的に遠く離れ，文化的にも異なっている海外において自動車製造などの生産活動を行おうとすれば現地競争企業には生じない特別のコストが生じてくる。このコストを償って余りある優位性を有してのアメリカ現地生産でなけれ

ば，早晩このコスト負担のない現地競争自動車企業によって追い出されてしまう。ではトヨタはこの優位性をどこに見いだしたのであろうか。それは言うまでもなくトヨタが長年にわたり培ってきた「トヨタ生産方式」に他ならない。この生産方式をNUMMIに導入し，従来に比較してはるかに高い生産性を達成した。ケンタッキー州での単独生産については，トヨタ堤工場をモデル工場にして新工場を建設し，各所にトヨタ生産方式を導入し，高水準の品質および生産性を実現している。トヨタはGMとの合弁企業を通じてトヨタの生産システムのアメリカへの移転の可能性についての実験を行った。またトヨタは日本の自社工場をモデルにアメリカへ移転した。こうした工場からは，それまでアメリカ自動車企業が提供してきたものとは異なるセグメントの自動車が製造された。その意味で新しい分野の自動車産業を作り出したと評価できよう。トヨタのこの事例は，輸出から現地生産への移行，現地進出形態，進出時の課題，その解決法，さらに単独進出の実行など多彩な事業活動の事例を提供し示唆を与えてくれるものといえる（吉沢 2008）。

【用語解説】
輸入代替工業化政策（import-substitution industrialization policy）：1950年代から60年代にかけて南米諸国から始まりアジア諸国に至る発展途上国において開始された工業化政策で，従来輸入されていた工業製品を一部自国において生産（国産化）することを通じ自国の工業の近代化や国内経済の発展を進めようとする政策をさす。
価格弾力性：価格の変化（上下）により，それにつれて需要も増減すること。

【参考文献】
Hymer, S.（1976）*The International Operations of National Firms:A Study of Direct Foreign Investment*. Ph. D Dissertation, MIT Press.（宮崎義一訳『多国籍企業論』岩波書店，1978年）．
Vernon, R.（1971）*SOVEREIGNTY AT BAY, The Multinational Spread of U.S. Enterprises*, pp. 65-77.（霍見芳浩訳『多国籍企業の新展開―追いつめられる国家主権―』ダイヤモンド社，1978年，71-85頁）．
池本清他『日本企業の多国籍的展開―海外直接投資の進展―』有斐閣選書，1981年．

松浦茂治（1990）『日本自動車産業の発展分析と展望』出光書店，1990年。
吉沢正広（1992）「トヨタの米国自動車生産（1）」『商研紀要』愛知学院大学大学院，第18巻第1号，21頁。
江夏健一・首藤信彦（1993）『多国籍企業論』八千代出版。
井上忠勝・吉沢正広（1995）「トヨタの初期海外活動」『経営管理所紀要』第2号，愛知学院大学経営学部。
吉沢正広（2008）『国際ビジネス論—日本企業のグローバル化と外資企業の日本進出—』唯学書房。
吉沢正広（2010）『企業のグローバル化戦略と現地経営の研究—日系企業と外資企業の比較研究—』桜美林大学。

第5章
企業とステークホルダー
―社会的存在としての企業の責任―

> **要　旨**
>
> 　本章では，企業がいかにしてステークホルダーと関係を構築していくべきかを理解することを目的とする。企業に対する社会からの要請は，時の流れと共に変化してきた。そこで，まず，企業の営利性と社会性に関する歴史的考察を通して，企業に社会的責任が求められるようになった背景を明らかにする。つぎに，コーポレート・ガバナンスに関する議論についてアメリカを中心に世界的な展開を検討し，ソフトローを用いた改革が進められていることを明らかにする。そして，日本のコーポレート・ガバナンスに関する規程の現状を明らかにする。さらに，ヨーロッパの事例から，現代企業がいかなる社会からの要求に応えていくべきかを解明する。

第1節　企業と社会の関係

1-1　営利企業としての存在意義

　企業の第1の存在意義は，営利を追求することにある。今日のほとんどの社会は，市場経済社会[1]であり，企業は生産活動を通して継続的に収益をあげなければ，事業を持続することができない。そうであるからこそ，企業は常に互いに競争をしながら，社会が求める財やサービスを産み出し，そして革新し続けるのである。

　戦後10年で急速な経済成長を果たした日本の企業に関する研究で有名なジェームズ・C・アベグレン[2]によると，戦後の日本は貧しく仕事をやめると仕事がないほどであった。このような状況で，日本企業は，暗黙に企業は従業員（employee）を一時的にせよ解雇せず，従業員は定年まで勤め続けるという「終身の関係」を従業員と結んでいた[3]。アベグレンの研究を踏まえると，戦後日本では，企業に対して，営利を追求することで経済発展を促進するとともに，従業員の雇用を維持することに存在意義があったということができる。

　こうした企業が営利を追求するべきであるという考え方は，市場経済が成立し発展し始めたころの考え方に起因する。このような経済が成熟する過程の社会では，企業が利益を極大化させ社会を発展させることが企業の責任であり，存在意義であった。そして，日本が経済成長期までこうした認識であったように，世界的に見ても先進国と比べて経済発展が遅れている地域では，今日でも企業の利益極大化が強調される傾向にある。これは，経済的に貧しい地域では，豊かになることが社会的な最優先課題とされるからである。

1-2　社会的企業としての存在意義

　企業に対して利益を極大化することのみが社会に対する責任であるという認識が社会のなかで支配的になると，その弊害が徐々に日本の社会を蝕んでいった。1970年代頃までの日本は，経済活動のなかで発生する汚染物質に対する規制が非常に甘く，工業地帯で企業が環境破壊につながる汚染物質を大気中に放

出し，有害な工業廃水を海や川に垂れ流しており，大気汚染や水質汚濁，土壌汚染などの公害が発生していた。さらに，これらの公害が原因で引き起こされる公害病が次々に発生した[4]。代表的な公害病として，4大公害病と呼ばれる，イタイイタイ病，水俣病，新潟水俣病，四日市喘息があげられる。

1960年代後半から，これらの公害病について被害者を原告とする訴訟が起こされた。この訴訟が原告の全面勝訴に終わったことにより，企業の負うべき責任が一部明確になった。つまり，企業が営利のみを追求する責任のみならず，自らの企業行動によって引き起こされた負の影響に対して責任ある行動が求められるようになったのである。ただし，この時企業が負うことになった責任は，企業行動に対する事後的な責任でしかない点については注意が必要である。

このような企業の負の側面が露わになるにつれて企業が社会に対して責任を負うという「企業の社会的責任（corporate social responsibility）論」が説かれるようになった。森本三男（1994）によると企業の社会的責任が説かれ始めたのは，1950年代前半からである[5]。しかし，社会全体に企業の社会的責任が明確に意識されるようになったのは，既に述べた1960年代末から起こされた公害訴訟を待つことになる。そして，その後企業不祥事が多発したことにより，一層企業の社会的責任が問われることとなり，企業行動に対する事後的な責任だけでなく，企業不祥事を事前に防止する責任をも含むこととなる。このようななかで，企業の存在意義に社会性が追加されることとなったのである。

1-3 企業のステークホルダー

企業は，事業を運営するうえで，さまざまな対象と利害関係を有している。さきにみたように，企業の生産した財やサービスを消費する者もいれば，企業活動の過程で被害を受ける者もいる。こうした企業と利害関係を有する者を「ステークホルダー（stakeholder，利害関係者）」という。

利害関係者というと，直接的な利害関係を有するものを想像しがちであるが，その利害が非常に希薄であろうともステークホルダーとして理解される。たとえば，企業は，資本金を提供する「出資者」や企業を管理する「経営者」，労

働力を提供する「従業員」，さらには，「行政府」や「地域住民」，そして「地球環境」などさまざまな対象と利害関係にある。また，それらのステークホルダーのなかには，出資者でありながら経営者であったり，出資者でありながら地域住民であったり，複数の立場で企業と利害関係を有する者がいる。

　また，利害関係をすでに有している者だけでなく，利害関係が今後生じる可能性がある者についても潜在的なステークホルダーとして理解される。つまり，ステークホルダーとは，「企業行動になんらかの影響を及ぼす者またその可能性がある者および企業行動によって何らかの影響を受ける者またその可能性がある者」という意味で理解するとわかりやすいだろう。こうしたステークホルダーとの関係を良好に保つことが企業に求められているのである。

第2節　コーポレート・ガバナンスをめぐる議論

2-1　ステークホルダーをめぐる歴史的経緯

　ステークホルダーの存在は，1930年代にアメリカを中心として認識され始め，1970年代にようやく社会に浸透したといわれている[6]。1930年代は，1929年に世界恐慌を引き起こすきっかけとなったニューヨーク市場の大暴落を背景として，1933年の証券法や1934年の証券取引法，証券取引委員会の設置，など投資家の保護を目的とした改革が進められた。また，1932年のバーリとミーンズの研究によって，所有と経営が人格的に分離した大企業において，株主が経営から疎外され，株主の権利が十分に保護されてこなかったことが明らかになった[7]。この背景には，所有と経営の分離が進み，高度に株式が分散したことにより，株主総会が形骸化したことがある。こうして形骸化した株主総会のもとでは，経営者に物を言える者がいなくなり，経営者が会社を支配する状態になる。こうした状態を「経営者支配」という。このような状況で，株主は経営に興味を示さなくなり，気に入らなければ株式を売却すればいいという「ウォール・ストリート・ルール」が誕生した。

　つぎに，1980年ごろに，ステークホルダーとしての株主のあり方に変化が

あった。1980年代に入り，膨大な株式を保有する機関投資家[8]が現れた。機関投資家は，投資額が膨大なことから簡単に株式を売却することができないため，経営者に対して発言するようになり，「物言う株主（Activist investor,「アクティビスト」ともいう）」と呼ばれるようになった。物言う株主の発言により，アメリカでは，株主の地位が飛躍的に向上することになったのである。なお，日本で物言う株主が誕生するのは，1990年代を待つことになる。有名な物言う株主として，村上ファンドがあげられる[9]。

そして，2000年代に入ると，2001年に発覚したエンロン事件の影響により，企業への監視をさらに強化するコーポレート・ガバナンス（Corporate Gavernance）改革が進められた。エンロンは，ガスや電気などのインフラを手がける全米有数の大企業であったが，粉飾決算，インサイダー取引，特別目的会社（SPE）を用いた簿外取引，など不正を重ねていた。この事件で世界を驚かせたのは，本来企業の暴走を阻止する役割を負う社外取締役や監査法人もまた不正に加担していた点である。その不正が，多くのステークホルダーに被害を出す大規模な企業破綻へとつながったため，アメリカでは，独立社外取締役の導入や情報開示・透明性の強化などのコーポレート・ガバナンス改革が進められた。

さらに，2008年に，リーマン・ブラザーズが経営破綻に陥り，世界に連鎖する金融危機へとつながった。リーマン・ブラザーズは，アメリカの大手証券会社であった。当時，サブプライムローンという信用の極めて低い顧客に高金利な上に住宅を担保とすることで貸し出すローンが流行していた。大手金融機関は，ハイリスクなサブプライムローンに積極的に投資をしていたが，結局不良債権が積み重なり経営不振に陥っていた。リーマン・ブラザーズが，サブプライムローン問題で破綻したことにより，世界中のステークホルダーに負の影響を与えたのである。このように，企業のステークホルダーはもはや株主だけでなく社会全体に存在しているのである。

2-2　コーポレート・ガバナンスを規定する必要性

　日本では，1990年ごろからバブル崩壊により，金融機関が相次いで破綻し，コーポレート・ガバナンスの重要性が叫ばれるようになった。1990年以降から法制度改革を中心とした改革が行われ，1993年に監査役制度が改正され，監査役の必要人数の増員や社外監査役の導入，監査役会の導入が進められた。また，同年に株主代表訴訟制度が改正され，訴訟費用を定額としたことで株主の権利の確保が進められた。そして，1997年からストックオプションの導入や利益供与禁止の強化など，法整備が進められた。

　近年では，こうした法制度改革だけでなく，コーポレート・ガバナンス・コードと呼ばれる規範が世界中で策定されるようになった。コーポレート・ガバナンス・コードは，法律よりさらに踏み込んだ規程が設けられるところに特徴がある。コーポレート・ガバナンス・コードは，「"comply or explain" principle（「遵守か説明か」の原則）」[10]と呼ばれる規程を遵守しないことを選択することを認める原則が適用される。このような制度は，遵守すること以外に選択肢がない法律（ハード・ロー）に対してソフト・ローと呼ばれる。

第3節　コーポレート・ガバナンスの社会的な取り組み

3-1　コーポレート・ガバナンス・コード策定の系譜

　コーポレート・ガバナンス・コードの起源は，1992年に，イギリスのキャドベリー委員会が，「遵守か説明か」の原則を提唱したことにまで遡る。その後，イギリスにてコーポレート・ガバナンスに関する報告書が相次いで発表され，1998年にそれらの報告書を統合する形で，「統合規範（Combined Code）」が策定された。これこそが，最初に策定されたコーポレート・ガバナンス・コードと見て問題ないだろう。

　イギリスにおけるコーポレート・ガバナンスのコード化は，他国にも影響を与え，さらには，国際機関や機関投資家にまで影響を与えた。とくに，1999年に公的な国際機関であるOECDが発表したOECDコーポレート・ガバナンス

原則は，世界中に影響を与え，事実上の世界標準とまでいわれた[11]。また，機関投資家は，企業に求めるコーポレート・ガバナンスのあり方をガイドラインや行動規範などの名称で規定するようになった。そして，こうした世界的な潮流のなかで，世界各国でコーポレート・ガバナンス・コードとして，国内企業に向けたコーポレート・ガバナンスの規程が定められるようになったのである。

3-2　日本におけるコーポレート・ガバナンス・コード

　日本は，コーポレート・ガバナンス・コードの策定が遅れており，2015年に初めて策定された。日本のコーポレート・ガバナンスに関するコードは，3種類策定され，いずれも「遵守か説明か」の原則が適用されている。具体的には，2014年に策定されたスチュワードシップ・コード（2017年改定），2015年に策定されたコーポレートガバナンス・コード（以下，「日本コード」という），2017年に策定された監査法人ガバナンス・コードである。この3つのコードでの規程は，イギリスに倣ったものであるといえる。

　2014年に策定されたスチュワードシップ・コードは，デフレ脱却を目指す日本政府によって，進められた政策を背景としている[12]。スチュワードシップ・コードにおいて，「スチュワードシップ責任」とは，機関投資家が，投資先の日本企業やその事業環境等に関する深い理解に基づく建設的な「目的を持った対話」（エンゲージメント）などを通じて，当該企業の企業価値の向上や持続的成長を促すことにより，顧客・受益者の中長期的な投資リターンの拡大を図る責任を意味する。これまで，「物言う株主」として監視・監督機能に焦点が当てられてきた資産保有者としての機関投資家（アセットマネージャー）に対して，明確な責任を規定したことは，コーポレート・ガバナンス上の大きな進展であったと評価できる。

　つぎに，日本コードもまた，「『日本再興戦略』改定2014」に，コーポレートガバナンス・コードの策定を支援するとの施策が盛り込まれたことを受けて，金融庁と東京証券取引所が共同して策定に踏み切ったものである[13]。また，日本コードは，OECDコーポレート・ガバナンス原則を踏まえた内容としており，

今もなおOECD原則が世界のコーポレート・ガバナンスに影響を与えていることがわかる。そして、日本コードは、会社が受託者責任および多様なステークホルダーに対する責務を負っていることを認識し、こうした責務に関する説明責任を果たすことを含め会社の意思決定の透明性・公正性を担保しつつ、これを前提とした会社の迅速・果断な意思決定を促すことを通じて、いわば「攻めのガバナンス」の実現を目指すものであるとしている。日本コードは、会社におけるリスクの回避・抑制や不祥事の防止といった側面を過度に強調するのではなく、むしろ健全な企業家精神の発揮を促し、会社の持続的な成長と中期的な企業価値の向上をはかることに主眼を置いたとされている。

3-3　持続可能な社会を目指す取り組み

近年の企業と社会との関係で目が離せないのは、ESG投資への注目の高さである。ESG投資とは、投資するために企業価値を図る材料として、非財務情報である環境（Environment）、社会（Social）、ガバナンス（Governance）の3つを重視するものである。ESG投資は、2006年に国連の当時事務総長であったアナンが、機関投資家に対して「責任投資原則」（PRI：Principles for Responsible Investment）としてESGを投資プロセスに組み入れることを提唱したことで知られるようになった。これは、スチュワードシップとの関係も非常に深いものである。

投資家に対して、これらの非財務情報の重要性を提唱するということは、企業に対しても、ESGのような社会からの要請に対応することこそが企業価値の向上につながることを示したことになる。こうした社会的要請に応えることによって向上するとされる企業価値に関する議論は、企業がステークホルダーとの関係を構築するうえで、非常に重要なものである。

3-4　社会から信頼される企業とは

ステークホルダーをめぐる歴史的な経緯を見てみると、企業と社会の関わり方は次第に変化してきている。とはいえ、いつの時代でも、企業が社会の要請

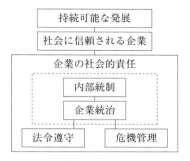

図5-1　CSRと社会に信頼される企業の関係

(出所)　平田光弘 (2011)「経営の"学"を考える」『経営哲学』第2巻，経営哲学学会，14頁。

に応えなければならないことに変化はない。企業は，自らの企業行動を通して，社会に信頼される企業でなければならないのである。こうした社会からの要請に応えなければ，社会からの信頼を失い，株式の売却や不買運動などのネガティブキャンペーンにより，事業の継続が困難になる恐れがある。

　社会から信頼される企業に関する研究の第一人者である平田光弘 (2011) によると社会から信頼される企業になるためには，図5-1に示すように企業の社会的責任を果たす必要がある。まずは，法令遵守（コンプライアンス，Compliance)[14]と危機管理（リスクマネジメント，Risk Management)[15]の2つが基礎となる。その2つの基礎として企業統治（コーポレート・ガバナンス，Corporate Governance)[16]を構築することが求められる。ここまでの一連の取り組みによりトップマネジメントによる健全で効率的な経営が担保されることになる。そして，トップマネジメントの健全で効率的な経営は，内部統制（インターナル・コントロール，Internal Control)[17]を通して，企業全体に浸透していくのである。内部統制によって企業全体が一丸となって，健全な事業運営を通して質の高い生産活動をすることで，社会的責任を果たすことにつながり，社会に信頼される企業へと昇華するのである。

　図5-1からもわかるように，社会から信頼される企業になるためには，健全な経営が不可欠である。とくに，経営者の行動は，企業の行動そのものであ

ると見られるため、経営者による不健全経営は、企業の信頼を著しく損なうことになる[18]。そうしたリスクを回避するためにも、経営者を監視・監督する仕組みを構築するコーポレート・ガバナンスがとくに重要なのである。なお、コーポレート・ガバナンスは経営者を監視・監督するという性質上、企業のステークホルダーとの関係を重視する。コーポレート・ガバナンスを考えるとき、どのようなステークホルダーが企業を監視・監督し得るのかを考えていかなければならいのである。

第4節 持続可能な社会の実現に向けた取り組み

4-1 CSRと持続可能な発展の関係

すでに図5-1で確認したように、企業が社会から信頼されるためには、コーポレート・ガバナンスと内部統制を含めた企業の社会的責任を果たすことが必要となる。そして、こうした取り組みは、社会の持続可能な発展につながるものである。ここでは、企業の社会的責任に関する改革が盛んなヨーロッパを例に企業はいかなる責任を果たし、企業価値を向上させるべきなのかを考察したい。

2009年にEUの政府機関である欧州委員会は、「持続可能な発展戦略レビュー」を公表し、「CSRは、企業が経済・社会・環境の目標を組み合わせるための機会である」とした[19]。ここで述べられている「経済・社会・環境」は、持続可能な開発のキーポイントとされているものである。つまり、EUでは、CSRこそが持続可能な発展を支えるとしているのである。もともと欧州委員会は、CSRを「企業が自主性に基づいて、事業の運営と関連付けて、利害関係者と対話的に、社会と環境を統合する概念」と位置づけていたが、2014年に「企業が社会に与える影響に対する責任」へと概念を広げた[20]。このことから、社会が企業に期待する分野が多様化しており、環境保護だけではなく、より広く責任ある行動が求められることが読み取れる。

このCSRの概念の拡大は、今日の企業が置かれる状況をよく示している。

CSRに関する議論は，すでに説明したように，1920年ごろからゆっくりと現代化してきた。ところが，近年急速に企業の責任が拡大しており，企業の正規の事業から逸れた責任まで追求されるようにさえなっている。たとえば，企業が好景気になるとメセナやフィランソロピーなどの社会貢献的な活動が注目を集め始め，企業は従業員に植樹などのボランティア活動を推奨するようになる。しかし，果たして本当に企業の事業から逸れた責任を企業が負うべきであるのかは疑問である。

4-2 企業が負うべき責任の範囲

欧州委員会は，「CSRのためのEU戦略の改定2011-2014」において，OECDガイドラインや国連グローバルコンパクト，ISO26000，ILO多国籍企業及び社会政策に関する原則の三者宣言，国連ビジネスと人権に関する指導原則，などの国際的指導原則に沿って枠組みを定めるとともにCSRが少なくとも取り扱うべき分野を示した[21]。そのCSRが少なくとも取り扱うべき分野をまとめたのが図5-2である。CSRは，労働と雇用，環境問題，贈収賄・汚職の防止，人権という4つを柱とする。また，このなかに含まれないまでも，サプライチェーンを通じた社会・環境的責任の推進，非財務情報の開示，従業員のボラ

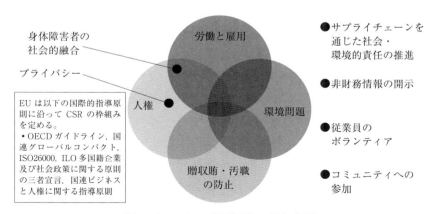

図5-2　CSRが最低限取り扱う分野

図 5-3　CSRにおける社会性と収益の統合

ンティア，コミュニティへの参加がCSRに含まれるとしている。

　さらに，欧州委員会は，1)法律に従うこと，2)社会，環境，倫理，顧客，そして人権を統合して事業戦略や運営と関連づけることの2つにより社会的責任があると言えるとした。つまり，図に示した取り扱うべき分野を事業戦略や運営と関連付けることを求めているのであって，事業戦略から大きく逸脱した責任を負う必要はないのである。

4-3　ステークホルダーと企業が作る持続可能性

　企業は，ステークホルダーとの関係のなかで存在しており，ステークホルダーを無視して存続することはできない。とはいえ，日々拡大する企業の社会的責任に対して，無条件に応えていくことは，難しいであろう。たとえば，雇用も企業の社会的責任であるが，日々刻々と変化する環境のなかで，企業は競争に打ち勝とうと努力している。ときには，競争に破れることもあれば，社会全体が不景気で雇用を創出できないこともあるだろう。また，ときには，ダイバーシティマネジメントとして多様な人材を生かせる職場を目指していても，障がいをもつ従業員の受け入れが可能な工場設備の設置にかかる費用が捻出できない場合もあるだろう。

　企業に責任を求めるステークホルダーは，こうした企業の実情を理解することも必要である。そして，理解した上で，社会として企業がCSRに邁進できるような協力をしていく必要がある。そうでなければ，企業に対して求める責任は過大なものとなり，企業にとって負担でしか無くなるのである。今日のESG投資やスチュワードシップ責任を求める潮流は，こうした企業に対する

協力のひとつであろう。今後，投資家以外のステークホルダーもまた企業のCSRに協力し，持続可能な社会を実現すべきなのである。

【注】

1) 市場経済社会とは，自由に財やサービスを売買して経済活動を行える社会のことをいう。自由に経済活動を行えるため，競争が発生する。これに対して，指導者の計画によって経済活動を行う社会を計画経済社会という。今日のほとんどの国が市場経済社会である。
2) アベグレンは，「日本的経営論」の先駆者として著名であるが，三種の神器と呼ばれる「終身雇用，年功序列型賃金，企業別組合」の3つが日本企業の特徴であるとは述べていないことに注意が必要である。また，アベグレンは，2004年に新訂版を出版した際に，今日使用されている意味で終身雇用という言葉を使用していないと述べている。アベグレンは，日本企業の特徴を広範的にとらえ，そのなかでもアメリカ企業との決定的な違いが「終身の関係」にあると述べている。この終身の関係を，初版を出版した占部が終身雇用と訳し，それが読者によって拡大解釈された結果，今日のような理解が一般的になったと考えられる。ただし，占部は，終身雇用と訳したうえで，アベグレンの意向を汲み取った説明を付しており，誤訳をしたわけではないことを付け加えておきたい。
3) ジェームズ・C・アベグレン (2004)『日本の経営〈新訂版〉』日本経済新聞社。
4) イタイイタイ病は，戦前の1910年ごろから発症が見られるが，政府が公式に認めたのが1968年とされている。
5) 森本三男 (1994)『企業の社会的責任の経営学的研究』白桃書房，77-79頁。
6) 平田光弘 (2006)「コーポレート・ガバナンスの周辺概念」『コーポレート・ガバナンスとCSR』中央経済社，20-21頁。
7) A. Berle and G. Means, with a new introduction (1991) *The modern corporation and private property*, Transaction Publishers.
8) 機関投資家とは，保険会社や銀行，年金基金など大規模な資金を運用する機関をいう。機関投資家の運用資産額は非常に高額であるため，近年は企業への影響力が非常に大きい。代表的な機関投資家に，CalPERSやHermesなどがある。今日の世界最大の機関投資家は，日本のGPIF（年金積立金管理運用独立行政法人）である。2016年末の運用資産額は，144兆9,034億円にものぼる。
9) 村上ファンドの代表である村上世彰は，2006年にインサイダー取引で逮捕，起訴されたが，自身の著書「生涯投資家」において，日本企業のコーポレート・ガバナンスの是正に奮闘していたことを綴っている。

10) 「"comply or explain" principle (「遵守か説明か」の原則)」とは，ソフトローに用いられるアプローチで，規程を守らない場合は，正当な理由の説明を求めると言うものである。近年のコーポレート・ガバナンスに関する規程には多用されている。
11) OECDコーポレート・ガバナンス原則を世界標準として取り上げている主な研究は，小島大徳(2004)や小島大徳(2007)を参照のこと。
12) 以下は，「日本版スチュワードシップ・コード」の内容および，金融庁が公表した議事録などの資料を参考とした。
13) 以下では，コーポレートガバナンス・コードの内容および資料，ならびに金融庁が公表した策定までのプロセスに関する資料を参考とした。
14) 法令遵守(コンプライアンス)とは，法律およびその他政令，ならびに慣習を守ることをいう。つまり，合法な経営をするだけでなく，一般的な認識として好ましくない，もしくはグレーゾーンとされていることをしてはならないというものである。
15) 危機管理(リスクマネジメント)は，もともと企業の危機に対応するものとして誕生したが，今日では，企業に影響を及ぼす不確実性に対応するための管理をいう。企業に影響を及ぼす不確実性には，財務的なものや新技術の開発，規制緩和など非常に多様な不確実性があり，それらに対応していかなければならない。
16) 企業統治(コーポレート・ガバナンス)とは，経営者を監視・監督する仕組みを整備することを通して，利害関係者との関係を良好に保つことをいう。1992年以降，ソフトローを用いた規程が策定されたことにより，制度化および改革が進められている。
17) 内部統制(インターナル・コントロール)とは，経営目標の達成に向けてトップマネジメントの意思決定を適切に企業全体に浸透させるために必要な仕組みを整えることである。内部統制には規則の策定や実施状況を評価する仕組みなどが含まれる。
18) 従業員による不適切な行為も企業の信頼を損なう原因になりうるものではあるが，従業員の行為は，従業員個人の行為とみられることが多く，企業の対応が不適切でなければイメージを著しく損なうことは少ない。
19) European Commission, Mainstreaming Sustainable Development into EU Policies: 2009 Review of the European Union Strategy for Sustainable Development, COM (2009) 400 final, 24, July 2009, pp. 3-4.
20) European Commission "A renewed EU strategy 2011-14 for Corporate Social Responsibility" COM (2011) 681 final, 25 October 2011.
21) European Commission "A renewed EU strategy 2011-14 for Corporate Social Responsibility" COM (2011) 681 final, 25 October 2011. p 7.

【参考文献】

監査法人のガバナンス・コードに関する有識者検討会 (2017)「『監査法人の組織的な運営に関する原則』(監査法人のガバナンス・コード)」金融庁。

小島大徳 (2004)『世界のコーポレート・ガバナンス原則―原則の体系化と企業の実践―』文眞堂。

小島大徳 (2007)『市民社会とコーポレート・ガバナンス』文眞堂。

スチュワードシップ・コードに関する有識者検討会 (2017)「『責任ある機関投資家』の諸原則《日本版スチュワードシップ・コード》―投資と対話を通じて企業の持続的成長を促すために―」金融庁。

スチュワードシップ・コードに関する有識者検討会 (2014)「『責任ある機関投資家』の諸原則《日本版スチュワードシップ・コード》―投資と対話を通じて企業の持続的成長を促すために―」金融庁。

東京証券取引所 (2015)「コーポレートガバナンス・コード―会社の持続的な成長と中長期的な企業価値向上のために―」東京証券取引所。

日本取締役協会 (2017)『上場企業のコーポレート・ガバナンス調査』日本取締役協会。

平田光弘 (2006)「コーポレート・ガバナンスの周辺概念」飫冨順久・辛島睦・小林和子・柴垣和夫・出見世信之・平田光弘『コーポレート・ガバナンスとCSR』中央経済社, 20-21頁。

森本三男 (1994)『企業の社会的責任の経営学的研究』白桃書房, 77-79頁。

Berle, A. and G. Means, with a new introduction (1991) *The modern corporation and private property*, Transaction Publishers.

European Commission, Mainstreaming Sustainable Development into EU Policies: 2009 Review of the European Union Strategy for Sustainable Development, COM (2009) 400 final, 24, July 2009.

第6章
株式会社の諸機関
―社内各機関とその役割―

> **要　旨**
>
> 　第6章では，会社法によって規定される会社の経営機構を理解することを目的とする。会社機関は，歴史や文化に根ざして構造を作られているといわれ，アメリカ型やドイツ型，日本型などに分かれている。そこで，まずは経営機構のシンプルな構造を理解するために，出資者たる株主と専門経営者としての経営機関の関係と役割を考察する。つぎに，より具体的に各種機関の役割や権利，権限を検討する。そして，日本の監査役設置会社，指名委員会等設置会社，監査等委員会設置会社の3つの会社構造を明らかにする。

第1節　システムとしての株式会社

　株式会社は，会社法によって設置しなければならない機関とその役割が規定されている。そして，それらの会社機関の組み合わせによって，企業経営機構が規定されている。会社法の規程によると，日本の株式会社には，3つの代表的な形態が存在する。具体的には，1)監査役設置会社，2)指名委員会等設置会社，3)監査等委員会設置会社の3つである。

　また，外国に目を向けると，アメリカ型やドイツ型など，世界各国で異なる企業経営機構が規定されている。これらの企業経営機構の違いは，各国の文化や歴史，制度や慣習などに根ざして構築される。このことは，ヨーロッパで会社法を統一しようとした際に，各国の主張が対立して断念せざるを得なかったことからも理解できる[1]。

第2節　株式会社の基礎的な仕組み

2-1　株式会社の出資者と経営者の関係

　株式会社は，出資者たる株主と経営者が必ずしも一致しないという特徴がある。中小零細企業であれば，100%出資の株主でありながら経営トップであることがほとんどであるが，事業が大規模化すると，株主と経営者が人格的に分離することが一般的である。そして，株主が有限責任で出資し，専門経営者に事業の運営を委任することで株式会社が成り立つ。これにより，個人が過大なリスクを負うことなく，事業を運営することができるため，大規模な経営を可能にしているのである。

　株式会社の仕組みをシンプルにすると図6-1のように表すことができる。株式会社は，最高意思決定機関としての株主総会と経営機関の2つの機関が必要となる。まず，株主総会は，経営機関のメンバーを選任する権限を有する。つぎに，経営機関は，業務意思決定機能と業務執行機能，そして業務監督機能の3つの機能に分けることができる。なお，経営機関は，いくつかの機関に分

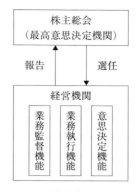

図6-1　株式会社の仕組み

割されることが一般的であるが国によって設置する機関が異なる。

2-2　最高意思決定機関としての株主総会

　株主総会は，株主によって構成される会議体であって，年に1回開催する定時総会と必要に応じて開催する臨時総会の2つがある[2]。日本の会社法では，株主総会は，「会社法に規定する事項及び株式会社の組織，運営，管理その他株式会社に関する一切の事項について決議をすることができる[3]」としている。「一切の」事項とあるのでわかりにくいが，1)取締役や監査役などの会社役員および会計監査人[4]の選任・解任，株式会社の組織に関すること，2)会社の経営に重大な影響を与えうる法律に規定された事項，3)提案によって定めた事項，について決議することができる。経営陣を解任する権限を法的に有する唯一の機関である。

　また，株主総会を構成する株主は，出資者として強い権利を有する。株主の有する権利は，自益権と共益権に分けることができる。自益権は，株主が会社から直接に経済的利益を受ける権利であり，剰余金の配当請求権[5]，残余財産の分配請求権[6]，株式買取請求権[7]，株主名簿の名義書換請求権[8]，株券発行請求権[9]，募集株式の割当を受ける権利[10]などがある。共益権は，株主が会社経営に参与し，あるいは取締役らの行為を監督是正する権利であり，コーポ

レート・ガバナンスに影響を与える権利である[11]。株主の代表的な共益権に，株主総会における議決権と株主提案権がある。議決権とは，株式1株ごとに原則1つ割り振られる株主総会の決議に参加する権利をいう[12]。また，株主提案権は，株主が株主総会で議題や議案を提案する権利をいう[13]。

そして，株主総会の限界は，あくまでも株主が集合する会議体でしかないことである。所有と経営が分離した大規模株式会社において，株主が知ることのできる情報は，経営陣が公開した情報に限られているため，経営者と株主の間には，情報の非対称性が存在する。そのため，株主総会における決議が，必ずしも会社の内情を把握したものではない。株主は，取締役等によって開示された情報を踏まえ，取締役等によって提出された議案について決議することになる。そのため，重大な不祥事を起こした会社でなければ，総会屋[14]のいなくなった昨今では，株主総会で議論が尽くされることはほとんどない。

2-3 経営機関としてのボードシステム

経営機関は，国際的に比較すると日本の監査役設置会社の特殊性がよく理解できる。世界的に，経営機関について言及する場合，ボードシステム（Board System）という言葉が使用される。このボードシステムを取締役会と訳す場合があるが，日本の取締役会とは性質が異なるため，取締役と訳すべきなのかは，議論のあるところである。アメリカやヨーロッパのボードシステムは，概ね一層型（one-tier board system）と二層型（two-tier board system）の2つに分けることができる。

一層型と二層型は，意思決定機能と業務監督機能を別機関として設けるか否かによって区別される。まず，一層型は，意思決定機能と業務監督機能を内包する経営機関を有し，業務執行機能を有する機関を別に有する。このようなボードシステムを採用する代表的な国がアメリカやイギリスである。また，二層型は，意思決定機能を有する経営機関と業務監督機能を有する監督機関を有する。なお，二層型の場合，業務執行機能と意思決定機能を分離させる場合とさせない場合の両方がある。このようなボードシステムを採用する代表的な国

表6-1 株主の権利

自益権	剰余金の配当請求権		会社453条
	残余財産の分配請求権		会社504条
	株式買取請求権		会社116条・160条3項・166条1項・182条4項・192条1項・469条・785条・797条・806条
	株主名簿の名義書換請求権		会社130条第1項・133条
	株券発行請求権		会社215条1-3項・230条2項
	募集株式の割当を受ける権利		会社297条・325条・491条
共益権	株主総会に関するもの	議決権	会社308条第1項・325条
		説明請求権	会社314条・325条・491条
		提案権	会社303-305条・325条・491条
		累積投票請求権	会社342条
		総会招集権	会社297条・325条・491条
	取締役などの行為を監督是正するもの	株主総会の決議の取消訴権	会社831条
		株式発行・自己株式処分・新株予約券発行の無効訴訟	会社828条第1項2号-4号・2項
		設立・資本金減少・組織変更・合併・吸収分割又は新設分割・株式交換又は株式移転の無効訴権	会社828条第1項5号-12号・2項
		代表訴訟提起権	会社847条・848条の3
		違法行為の差止請求権	会社360条・422条
		株式発行等差止請求権	会社210条・247条
		組織再編等差止請求権	会社171条の3・182条の3・784条の2・796条の2・805条の2
		役員の解任請求権	会社854条1項
		特別清算等申立権	会社511条1項・会更2項2号
		取締役議事録等の各種書類の閲覧等請求権	会社31条2項・125条2項・171条の2第2項・179条の5第2項・182条の2第2項・318条4項・371条2項・442条3項・782条3項・793条3項・803条3項・815条4項
		会計帳簿の閲覧権	会社433条
		取締役会の招集権	会社367条
		検査役の選任請求権	会社306条1項・358条1項
		解散請求権	会社833条1項

注)「会社」は会社法,「会更」は会社更生法を意味する。
(出所) 竹内朗・中村信男・江口真理恵・水川聡(2016)44-45頁を参考に筆者作成。

がドイツである。

　ヨーロッパでは，一層型と二層型，また両者の選択型という3つの制度が支配的であったが，EUによる企業法制度のハーモナイゼーション（調和・調整）により，一層型と二層型の両者を選択できる欧州会社（Societas Europaea）の設立が可能となった。そのため，会社形態は限定されるものの，一層型と二層型の両者を選択することが可能となった。

　日本では，指名委員会等設置会社と監査等委員会設置会社は，一層型であるのに対して，監査役設置会社はこの両方に該当しないといわれている[15]。これは，日本の監査役が，結局のところ取締役の選任・解任権を有していないことに起因するものと考えられる。

2-4　業務監督機関のさまざまな形態

　企業経営機構のなかで重要なのは，トップマネジメントの暴走を食い止める仕組みを構築することである。その機能を有する機関が業務監督機関である。業務監督機関は，とくに各国で設置の仕方が異なる。まず，日本では，監査役設置会社においては独立した機関として監査役会が業務監督機能を有する。また，アメリカから輸入した指名委員会等設置会社および2015年に新設した監査等委員会設置会社では取締役会内に設置される監査委員会が業務監督機能を有する。また，二層型の場合は，ボードの中に監督機関が設置される。

　日本の監査役設置会社における監査役が有する権限には，業務監査と会計監査の2つがある。業務監査は，取締役の業務執行がコンプライアンス経営であるかを監査するものである。会計監査は，株主総会で使用する監査報告書を事前に監査し，会計書類を作成するものである。また，監査役は，合議制ではなく独任制であるため，各監査役が独断で行動する権利を有する。そのため，非常に強いチェック機能を有する。監査役が正しく機能していれば，取締役や他の監査役に流されずに監査することができる。

第3節　日本とアメリカの企業経営機構

3-1　日本の監査役設置会社

　監査役設置会社は，日本の最も伝統的なシステムである。監査役設置会社は，資本金5億円以上または負債額200億円以上の大会社の場合，図6-2に示したように，株主総会，取締役会，代表取締役，監査役会，会計監査人によって構成される。このシステムは，ドイツにみられる2層型をモデルとしたといわれている。しかし，ドイツの監督機関（Supervisory Board）が従業員の参画が認められ取締役の解任権を有するのに対して，日本の監査役会は，株主総会によって選任された監査役のみによって構成され，取締役の解任権は有さない。

　日本の監査役設置会社は，取締役と監査役，会計監査人が株主総会で選任・解任され，代表取締役は，取締役会によって選任・解任される。また，取締役は最低3名で構成され，うち1名以上は社外取締役を選任することが義務付けられている。そして，監査役は，最低3名で構成され，そのうち1名は常勤監査役で，さらに1名以上は社外監査役である必要がある。

　このシステムを見ると，基本的には株主総会で選任・解任の決議がなされる

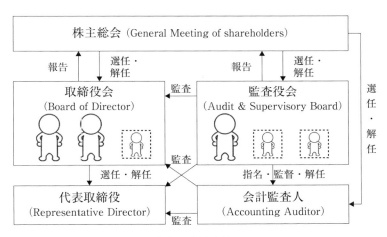

図6-2　監査役設置会社のシステム

ことから，一見素晴らしい監視体制にあるようにみえる。しかし，第5章で説明したように，株主が高度に分散し，株主が経営から疎外されてきたことが原因で，株主総会が形骸化しているため，取締役が作成した議案に反対するものはいない状態にある。さらに，法律上，代表取締役は取締役会で選任されるものの，代表取締役は経営トップたる社長を務めることが一般的であるため，取締役が代表取締役に楯突くということはほとんど起きない。つまり，結局のところ，会社の経営上のトップである社長が人事権を掌握し，自らを監視・監督する役目を担う人材を指名することになる。この点が，監査役設置会社の重大な欠点である。

また，監査役設置会社は，代表取締役が執行機能を有するが，代表取締役は取締役でもあるため，実質的に意思決定機能と業務執行機能が分離していないことがわかる。そのため，会社組織のトップたる代表取締役は，意思決定および執行，監督の3つの機能を有する実質万能な権限を有する。

3-2　日本の指名委員会等設置会社

監査役設置会社の欠点を解決するために，アメリカを模倣して2003年に導入されたのが，指名委員会等設置会社（当初は委員会等設置会社）[16]である。もともと，執行役員制度として，取締役から執行機能を分離させることが目的で導入されたものである。指名委員会等設置会社では，取締役によって執行役が選任されるため，取締役から執行機能を分離させることで，取締役の監督機能を強化している。また，指名委員会等設置会社の執行役のなかで代表権のない執行役は，基本的に委任契約ではなく[17]，従業員と同じように雇用契約[18]を結ぶことになる[19]。つまり，マネジメント層ではあるものの一般的な経営者とは扱いが異なる。ただし，例外として最高経営責任者（Chef Executive Officer：CEO）は，一般的に取締役と執行役を兼任することが一般的である。

指名委員会等設置会社は，取締役が監督機能に十分に力を注げるように，図6-3に表したように，取締役会内に指名委員会（Nominating Committee）[20]，報酬委員会（Compensation Committee）[21]，監査委員会（Audit Committee）[22]の

第6章　株式会社の諸機関　85

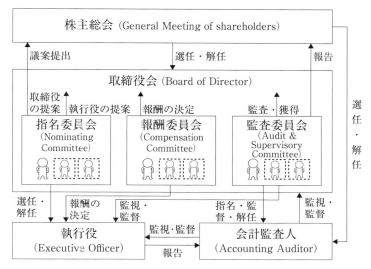

図6-3　指名委員会等設置会社のシステム

3つの委員会を設置しなければならない。また，その各種委員の過半数が社外取締役[23]でなければならない[24]。これにより，監督機能を社外の者が担当するため，社内の組織構造や人間関係に縛られずに，監督機能を発揮することができる。そして，各委員会が，経営者陣を指名し，公正な方法で報酬を決定するとともに，業務監査を実施することになる。過半数が社外取締役によって構成された委員会が，経営者を指名し評価することから監視・監督機能に期待が寄せられている。

　指名委員会等設置会社は，日本の企業経営機構のなかで，最も厳しい監視体制を整えるものである。そのため，日本で指名委員会等設置会社を選択する企業が少なく，日本取締役協会によると2017年は上場企業3,507社中70社と2％に留まっている。とくに，社外取締役の選任が企業にとって負担が大きいといわれている。指名委員会等設置会社において，社外取締役が各種委員会の委員を兼任することができるため，2名の社外取締役を選任することが最低条件となる。しかし，社外取締役に複数の委員を兼任させるためには，複数の委員会

で意見を述べることができる社外取締役を選任する必要がある。そのような経験豊富で社外取締役に適任な者は少なく，適任者を見つけたとしても現役の取締役を務めている場合は社外で取締役を務めなくても生活に不自由しないために断られるケースが多かったのである。また，すでに他社で社外取締役を務めている場合も断られるケースが多かったのである。

3-3　日本の監査等委員会設置会社

　日本の監査等委員会設置会社は，2015年の会社法改正によって誕生した。監査等委員会設置会社は，監査役設置会社より取締役の監督機能を強化する反面，指名委員会等設置会社よりその監督機能が簡素化されている。また，適任者の選任が難しいとされていた社外取締役の最低必要人数が2名となった。最低必要人数は指名委員会等設置会社と変わらないが，現実的な方法で2名に減らせることが監査等委員会設置会社のメリットだろう。必要な社外役員の人数は3つのタイプのうち，最も少ない。このことから，2015年の会社法改正以降，監査等委員会設置会社に移行する企業が続出しており，2017年に日本取締役協会が公表した調査によると，制度の導入から2年で上場企業3,507社中637社が採用しており18.2%まで増加した。

図6-4　監査等委員会設置会社のシステム

監査等委員会設置会社は，指名委員会等設置会社と同様に監査を司る委員会を設置するため，監査役会の設置をすることができない[25]。また，監査等委員会設置会社は，取締役が代表取締役を選任する関係にあるが，取締役会内に置かれる委員会は，監査等委員会のみである。なお，監査等委員の取締役は，業務執行取締役を兼任することはできない。監査等委員会設置会社は，委員の監査に独任制を採用しておらず，委員会の合議によって権限を行使する。

　監査等委員会は，内部統制部門を利用して監査を実施し，取締役の職務執行の監査及び監査報告の作成をする。また，監査等委員は，取締役が務めるため，取締役会で議決権を行使することができ，この点で監査役と異なる。そして，監査等委員会は，監査等委員である取締役以外の取締役の解任権，および報酬等について取締役会に意見を述べる権限を有する[26]。

【注】

1）EUにおけるコーポレート・ガバナンスをめぐる議論の歴史的展開については，以下を参照のこと。明山健師（2013）『EUにおけるコーポレート・ガバナンス―欧州株式会社制度の体系化と企業の実践―』税務経理協会。
2）株主総会に出席する会社役員に関する明確な規定は存在していないが，取締役は株主総会での説明責任を有するため，一般的に取締役も出席することになる。なお，株主総会の議案は，取締役により作成されることが一般的である。
3）会社295条1項。
4）会計監査人とは，会計監査を行う者をいい，公認会計士や監査法人がその役割を担う。
5）剰余金の配当請求権とは，株式会社が得た利益の分配を配当として受け取る権利をいう。
6）残余財産の分配請求権とは，株式会社が解散する場合に，残った財産の分配を受ける権利をいう。
7）株式買取請求権とは，株式の譲渡制限など一定の行為を会社がしようとする際に，それに反対する株主，もしくは単元未満株主が自己の所有する株式を会社に対して買い取るように請求する権利をいう。
8）株式を発行会社以外から取得した者が会社に対して株主名簿書換請求をする権利をいう。書換えなければ，株主としての権利を行使することができない。

9) 定款に株券を発行しない定めのない株券を発行していない会社に対して株券の発行を請求する権利をいう。
10) 保有する株式の数に応じて募集株式の割当を受ける権利をいう。
11) 竹内朗・中村信男・江口真理恵・水川聡（2016）44頁。
12) 1株につき1議決権が与えられることを，1株1議決権の原則という。なお，自己株式や相互保有株式，議決権制限株式，選任・解任に関する種類株式，単元未満株式および会社が自己株式を取得しようとする際に，その対象となっている株式など，1株1議決権の原則が適用されない場合もある。
13) 株主提案権は，すべての株主が有しているわけではなく，取締役会を設置する会社では，「総株主の議決権の百分の一（これを下回る割合を定款で定めた場合にあっては，その割合）以上の議決権又は三百個（これを下回る数を定款で定めた場合にあっては，その個数）以上の議決権を六箇月（これを下回る期間を定款で定めた場合にあっては，その期間）前から引き続き有する株主に限り，取締役に対し，一定の事項を株主総会の目的とすることを請求することができる（会社303条2項）」としている。
14) 総会屋は，少数の株式を購入して株主総会に出席し，株主総会を荒らしたり，仕切ったりすることで，会社から利益供与を受け取っていた株主をいう。
15) 平田光弘（2003）「日本における取締役改革」『経営論集』第58号，東洋大学経営学部，159-161頁。
16) 2003年の商法改正によって日本に初めて導入された時は，委員会等設置会社という名称であった。その後，2006年に新会社法が施行され，委員会設置会社へと名称が変更され，2015年に会社法が改正されたことで指名委員会等設置会社へと名称変更された。
17) 取締役のなかにも使用人兼取締役として雇用契約を維持する場合がある。
18) 雇用契約には，正規雇用と非正規雇用の2つがある。正規雇用は，雇用の期限に定めがないもので，非正規雇用は，雇用の期限に定めのあるものをいう。委任契約との決定的な違いは，雇用契約を結ぶ従業員は，労働法によって従業員としての権利が保護されることにある。
19) 執行役と委任契約を結ぶ企業もあるが，法的な規定が存在しない。
20) 指名委員会は，株主総会に提出する取締役の選任及び解任に関する議案の内容を決定する（会社404条1項）。
21) 報酬委員会とは，執行役や取締役会の個人別の報酬等の内容を決定する権限を有する（会社404条3項）。
22) 監査委員会とは，執行役及び取締役の職務の執行の監査及び監査報告の作成をする権限および，株主総会に提出する会計監査人の選任及び解任並びに会計監査人を再任しないことに関する議案の内容の決定をする権限を有する（会社404条2項）。
23) 社外取締役とは，業務を執行しない企業外部で採用した取締役をいう。

24) 会社400条1項。
25) 会社327条4項。
26) 会社342条の2第4項，361条6項。

【参考文献】
伊藤靖史・大杉謙一・田中亘・松井秀征（2015）『会社法　第3版』有斐閣。
竹内朗・中村信男・江口真理恵・水川聡（2016）『コーポレート・ガバナンスの法律相談　最新青林法律相談13』青林書院。
平田光弘（2003）「日本における取締役改革」『経営論集』第58号，東洋大学経営学部，159-178頁。
松嶋隆弘（2015）『会社法講義30講』中央経済社。

第7章
企業の発展と経営知識の進化
―コンサルティング・ファームの展開―

要　旨

　本章では企業の発展とともにどのように経営知識が開発され進化していったのかを説明する。とくにここでは経営知識の開発に関わるコンサルティング・ファームの動きに注目する。まず，事業の多角化にともなう経営問題の発生とコンサルティング・ファームが果たした役割について説明する。さらに経営学の基本的な知識となっている経験曲線効果や成長シェア・マトリクスの誕生について説明する。

　次にファイブフォース・フレームワークや3つの基本戦略のように戦略的意思決定に関わるコンサルティング・ファームの活動を取り上げる。そして，このような経営知識の流行性について触れることで，知識の有効性ならびに妥当性の限界について指摘するとともに，経営知識の活用に関する基本的な態度と学習について説明する。

第1節　企業成長のための経営知識の模索

1-1　コンサルティング・ファームの出現と事業の多角化

　19世紀末から20世紀初期にかけて，アメリカでは企業合併が相次ぎ企業規模が巨大化した。企業のマネジメントはかつてないほど複雑なものとなった。企業成長への舵取りを期待された専門経営者らは重圧に頭を悩ませた。企業戦略の策定や経営組織構造の構築に有用な経営知識を求めるようになった。経営知識には「経営コンセプト（構想・アイデア）」や「経営ノウハウ」「分析ツール」「ベストプラクティス」などがあるが，こうした経営の武器となる知識を必要としていた。このようなニーズ（needs）にビジネスチャンスを見出し，事業に乗り出したのが経営的な助言や支援を行うコンサルティング・ファームであった（梅野 2004）。

　たとえば，代表的なコンサルティング・ファームのひとつがマッキンゼー・アンド・カンパニー（以下，マッキンゼー）であった。同社は1926年に会計士で，シカゴ大学経営学部教授であったジェームズ．O．マッキンゼーによって設立された。設立当初は金融機関を主な顧客とし，「財務・予算管理サービス」を提供していたが，1930年代初め頃から多様な企業を顧客に会計学と経営工学を結びつけたコンサルティング・サービスを提供するようになった（Kiechel 2010）。

　同社はシカゴに本社を置き，1932年にはニューヨークに事務所を構えた。しかし1937年11月にジェームズ・O・マッキンゼーが肺炎のために急逝すると，会社はシカゴとニューヨークの両事務所を基点に分裂した。ニューヨーク事務所を統括・運営していたのが元弁護士で，ハーバード・ビジネススクールの出身者であったマービン・バウワーであった。彼は1946年にマッキンゼーの社名を使用するための排他的権利をシカゴ事務所から購入し，マッキンゼーの名を引き継いだ（Edersheim 2004）。

　さて，アメリカでは1950～70年代にかけて，企業の成長戦略として事業の多角化を採用する企業が増え始めた。多角化とは主力事業以外に新たな事業を立ち上げる行動をいう。独占禁止法への対応や，成熟産業分野にある企業による

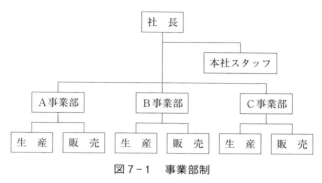

図7-1　事業部制

（出所）　吉原（2005）の図を参考に作成。

成長市場への参入，企業内部に蓄積された経営資源の有効活用などが背景にあった。

　ただ，事業の多角化を進めた企業では，各事業の管理が複雑になった。社内が混乱し，経営トップの仕事も混乱の収拾という日常的業務に忙殺されるようになった。経営者は戦略的意思決定のための重要な時間を奪われた。こうした問題を克服するために，各事業部に権限と責任を委譲する事業部制の導入が検討された。

　そこでマッキンゼーでは，「事業部制の導入支援」を主力商品にコンサルティングビジネスを展開した。いわゆるM型組織（multi-divisional organization）と呼ばれる組織構造への変革支援である。マッキンゼーはフォードやクライスラーなどのような大企業の事業部制の導入に関わるようになった。マッキンゼーのコンサルタントたちは心理学，会計学の知識のほかに調査受託サービスで得られた経験や知識を活用しながら，運営面での調査や戦略に関するアドバイスを行った。やがてマッキンゼーはコンサルティング・ファームとしての地位を確立した（大東 2004，西井 2013）。

1-2　経験曲線の発見

　1963年には，アメリカ・マサチューセッツ州ボストンにて，ボストン・コン

サルティング・グループ（以下，BCG）が誕生した。創設者はブルース・ヘンダーソンであった。彼はヴァンダービルト大学で機械工学を学んだ後に，ゼネラル・エレクトロニクスの冷蔵庫部門などで働いた経験を持つ人物であった。ハーバード大学で開催されたマッキンゼーのバウアーの講演に刺激を受け，ハーバード・ビジネススクールに入学した。彼は同スクールを卒業する3ヵ月前に中途退学し，大手電機メーカーのウエスティングハウスで18年間，コンサルティング・ファームのアーサー・D・リトルで3年間勤めた。その後に独立し，BCGを設立した。彼はビジネススクールの優秀な教授や学生にマッキンゼーを上回る給与を提示して会社にスカウトした（Kiechel 2010）。

　そのBCGに顧客であるゼネラル・インスツルメンツからひとつの依頼が舞い込んできた。それは，同社のテレビ部品事業が競合企業からの価格競争に対応できない状況に陥っており，何がその原因にあるのかを調べてもらいたいというものであった。同じような製品をつくっているのに，なぜ競合企業は自社よりも安く製品を供給できるのか。この原因を探るために，ヘンダーソンは

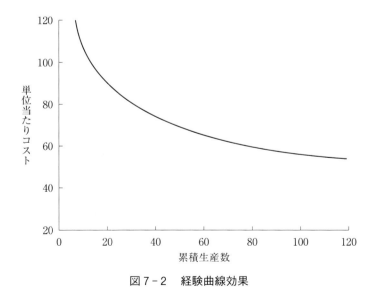

図7-2　経験曲線効果

（出所）　Abell & Hammond（1979, 1995）の図を参考に作成。

ハーバード・ビジネススクールの卒業から間もないジョン・クラークソンを調査のために派遣した。

　クラークソンはさまざまな資料を集めて分析を試みるが，そのなかから1966年，企業の戦略を考える上での新たなコンセプトを生み出した。経験曲線（experience curve）効果であった。これは製品生産において累積生産量が2倍になるごとに製品1単位あたりのコストが20〜30％削減されるというものであった。ここでのコストには人件費だけでなく，資本コスト，管理費，調査費，マーケティング費など，財務諸表に表れるあらゆるコストが含められている（Kiechel 2010，山田 1997）。

　経験曲線効果から言えることは，最大の市場シェアをもつ企業は競合企業よりも低いコストで製品を生産できるということである。そして，最大の市場シェアをもつ企業は引き続き競合企業よりも多く製品を生産して経験曲線を早く下りることで，最も低コストで生産できる企業であり続けることができるということである。そのような状況が維持されれば，競合企業は価格競争において対抗できなくなる。

　また，経験曲線効果からは将来の生産コストを予測することができる。それを見越して発売初期から低い価格を設定することで，他社に先駆けて市場シェアを拡大することができる。短期的には赤字でも将来的に黒字に転換できるのである。経験曲線効果からのインプリケーションは多くの経営者に衝撃を与えた。市場シェアの重要性や他社との競争という意識を芽生えさせた（Kiechel 2010）。

1-3　成長シェア・マトリクスの誕生

　BCGが提示した経験曲線は単一の事業を行っている企業にとっては，ひたすら経験曲線を同業他社よりも早く駆け下りれば良いという戦略的な知見を与えてくれた。ところが，既に説明したようにアメリカ企業の多くは多角化を進めており，多様な事業を社内に抱えていた。既存の事業とは異なる分野に進出した企業のなかには，新規事業が足を引っ張り，業績が低迷したものもあった。

図7-3　成長シェア・マトリックス

（出所）　出口（2008）の図を参考に作成。

雑多な事業の寄せ集めになってしまった企業をマネジメントするための新たな経営知識が求められた（Kiechel 2010, 三谷 2013）。

こうしたなか，1969年にBCGから新たなコンセプトが生み出された。「成長シェア・マトリックス」（growth-share matrix）であった。別名，「BCGマトリックス」や「プロダクト・ポートフォリオ・マネジメント」（product portfolio management, 略してPPM）とよばれるこのツールは，顧客であるユニオン・カーバイトが抱える数十もの事業を，競合企業との関わりのなかで比較できる表を作成するなかで誕生した。

成長シェア・マトリックスは市場の成長率を縦軸に，自社の相対的市場シェアを横軸にとり，各事業を「花形（star）」，「金のなる木（cash cow）」，「問題児（problem child）」，「負け犬（dog）」の4つの象限にわけたものであった。専門用語ではなく，花形や金のなる木のように，わかりやすい言葉で企業が採りうる基本的な事業方針や投資方針を表現している。

まず，花形は市場成長率が高く，自社の相対的市場シェアも高い事業である。社内外から注目される存在感の高い事業部である。ただし，市場が拡大している最中にあることから，研究開発，機械設備，宣伝広告などへの投資が必要である。市場シェアを拡大するための再投資にお金がかかる事業である。資金の

流入とともに流出も多いことから赤字に陥りやすい。ただし，将来的に市場の成長率が鈍くなると，やがて金のなる木へと変わることになる。

次に，金のなる木はかつて花形であった事業が市場成長率の低下とともに変化したものである。ここでは市場が拡大する見込みがないことから，これまでのような事業への大規模な投資は必要なくなる。市場シェアを維持することを目的とした再投資に限られてくることから，資金の流出量よりも流入量のほうが多くなる。事業は黒字となり，社内での稼ぎ頭となる。

問題児は市場の成長率が高く将来が有望ではあるが，自社の相対的な市場シェアが低い事業である。積極的な投資によりシェアを拡大することで花形へと育つ可能性があるが，市場シェアを拡大できなければ，やがて市場成長率の鈍化とともに負け犬になってしまう。資金の流入よりも流出が多く，事業は赤字となるとともに，将来的な成功も約束されていないリスクの高い事業となる。

負け犬は市場の成長率が低く，自社の相対的市場シェアも低い事業である。市場での勝負は既についており，大きな投資を必要としないことから資金の流出量は少ないが，流入量も少ない事業である。

成長シェア・マトリックスは，金のなる木で稼ぎ出したお金を花形や問題児へと配分することの重要性を示している。花形は現時点では金食い虫ではあるが，将来的に金のなる木へと変わっていく。赤字事業としてみるのではなく，将来的にお金を生み出す事業として投資し続ける必要がある。問題児は花形になる可能性があるかどうかを選別する必要がある。可能性があれば市場シェア拡大のための投資を行うという意思決定を下すことになる。市場シェアの拡大に失敗した場合には市場成長率の鈍化とともに負け犬となる。負け犬となった事業は将来性が見込めないため，他社へ売却するなど撤退を検討することになる。

このように，成長シェア・マトリックスは経営者がとるべき資源配分をビジュアル的に説明した。シンプルでありながら明確なメッセージは，多角化で拡張しすぎた事業の管理や整理を考える上での大きなヒントを与えた。とりわけ，1973年に発生したオイルショックにより不況の嵐が吹き荒れると，経営者たちの意思決定を支援する分析ツールとして注目された。1979年時点で，大手

企業の半数近くが成長シェア・マトリックスないしはそれに近いものを，戦略立案の過程で利用するようになった（三谷 2013）。

第2節　経営知識の深化

2-1　ファイブフォース・フレームワークの展開

　経営知識はビジネススクールなどの学術機関でも活発に開発されるようになった。そのひとつがマイケル・ポーターを中心とするハーバード・ビジネススクールの教授陣であり，彼らは1983年にコンサルティング・ファームのモニター・グループを設立した。ポーターはプリストン大学で航空工学を学んだ後に，ハーバード・ビジネススクールに進学した人物である。彼は同大学の博士課程に進んで博士号の学位を取得し，ハーバード・ビジネススクールの教員となった。ポーターは産業組織論の立場から経営戦略に関わる新たな知見を提示した。

　企業の利益率は業界ごとに違いがあることが知られている。つまり，儲かる業界と儲からない業界がある。なぜなのだろうか。これまでコンサルタントが開発してきた経営分析ツールは個々の企業の経営に絞ったものであったが，ポーターは業界というより広い範囲でビジネスを捉えようとした。

　たとえば，彼が提示した分析枠組みのひとつがファイブフォース・フレームワーク（five forces framework）であった（Porter 1980）。これは業界における利益率が5つの要因によって決まるというもので，その5つとは①業界内の競合企業，②新規参入の脅威，③代替品の脅威，④買い手の交渉力，⑤売り手の交渉力であった。

　まず，①業界内の競合企業とは，業界における同業者間の競争関係を意味する。業界内の競争が激しければ，価格競争が起きやすくなる。そのような業界では企業の利益率が低くなる傾向にある。逆に，業界内の競争が緩やかであれば，価格競争が生じにくい。そのため，企業の利益率が高くなる傾向にある。たとえば，どこのお店でも購入できるような商品を扱っている小売店であれば

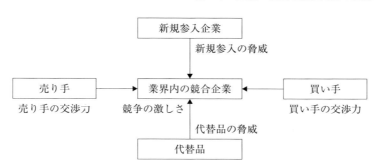

図7-4 ファイブフォース・フレームワーク
(出所) Porter (1980) の図を参考に作成。

価格でしか他社との違いが出せない。そのために安売りが常態化し利益率が低下することになる。一方で，他店では購入できない人気ブランド品を扱っている小売店では，価格競争に巻きこまれることなく，高い利益率を維持できる可能性がある。

② 新規参入の脅威とは，業界に新たな競合企業が入ってくる危険性についてである。利益率が高い業界であれば，多くの企業が参入することを望むであろう。そうなれば，業界内の競争は激しくなる。しかし，現実には競合企業は簡単には他の業界の事業に参入できない。参入障壁 (entry barriers) が存在するからである。たとえば自動車を生産するためには莫大な開発費や生産設備費が必要となる。また低コスト生産を実現するためには年間400万台以上の自動車をつくり，販売しなければならない。このように規模の経済 (economies of scale) が競争する上で重要な産業では参入障壁が高くなる。新規参入企業が出現する可能性が低く，利益率を高い水準で保ちやすくなる。逆に飲食店などのように参入障壁が低い業界では，新規参入が容易である。企業の利益率が下がる傾向にある (與那原 2008)。

③ 代替品の脅威とは，顧客のニーズを既存の製品やサービスとは異なった形で満たすことで，当該業界の姿を変えてしまう危険性についてである。たとえば音楽業界では，インターネットによる音楽配信の開始により，CDの売上

が落ちた。従来は音楽を聞くためにはCDを利用していたのだが，それが音楽配信に代替されてしまったのである。そのためにCD業界の市場規模が縮小し，業界内の企業の利益率が低下した。

④ 買い手の交渉力とは，自社の商品やサービスを購入する顧客の交渉力を意味する。ここでの顧客は一般的な消費者だけでなく，法人企業も含むものである。たとえば自社が食品メーカーであれば買い手は卸売業者やスーパーマーケットなどの小売業者である。自社よりも買い手のほうの交渉力が強い場合には納入価格の割引などを迫られるであろう。そのような場合には利益率に影響を与えることになる。

⑤ 売り手の交渉力とは，原材料などを供給する企業の交渉力を意味する。先ほどの買い手の交渉力の場合と逆の立場になる。原材料や商品・サービスを供給する側の交渉力が強ければ調達コストが引き上がり，利益率は下がることになる。

このように，ポーターは企業の利益率を決める5つの要因を提示した。経営者は高い利益が得られる業界で事業を展開すればよいのである。あるいは，そのような条件をつくりだすような経営戦略を展開すればよいのである。ファイブフォース・フレームワークは企業を取り巻く外部環境の分析ツールとして注目された（中橋 2001）。

2-2　3つの基本戦略

ファイブフォース・フレームワークは標的となる業界が儲かる業界であるかどうかを分析する手段を経営者たちに提供したが，経営戦略として活用するためにはもうひとつ重要なことがあった。業界のなかでの位置取り，つまりポジショニングであった。儲かる業界に参入したとしても，それだけで儲かるわけではない。儲かる位置取りをしていなければならないのである。では，どのように位置取りすべきなのか。ポーターは企業がとりうる戦略は究極的には3つしかないとした。① コスト・リーダーシップ（cost leadership）戦略，② 差別化（differentiation）戦略，③ 集中（focus）戦略（コスト集中，差別化集中）の3

図7-5　3つの基本戦略

（出所）　Porter（1980）の図を参考に作成。

つである（Porter 1980）。

① コスト・リーダーシップ戦略は，製品やサービスを業界における最低価格で提供する戦略である。コスト削減に力を注ぎ，安くても利益が出る仕組みをつくることを目指すものである。たとえば，100円均一でさまざまな商品を提供する店や格安の牛丼販売店，ハンバーガーショップなどがそれに該当する。

② 差別化戦略は顧客がプレミアム価格を支払ってでも欲しがる製品やサービスを提供する戦略である。特異な製品やサービスを創り出すためにコストがかかるが，そのコストを差し引いても余りある付加価値を顧客に提供することを目指すものである。たとえば，ガソリンと電気で走るハイブリッドカーを生産・販売する自動車メーカー・販売店がそれに該当する。

③ 集中戦略は，競争の範囲を狭めたもので，いわゆるニッチ市場（niche market）をターゲットにコスト集中戦略あるいは差別化集中戦略を展開する戦略である。たとえばコスト集中戦略では，若い女性を主なターゲットにリーズナブルな価格でファッション性の高い衣料品を販売するアパレル企業がある。また差別化集中戦略では，車の運転が好きな男性を主なターゲットに高級スポーツカーを販売するメーカーがある。

3つの基本戦略から言えることは，企業はこれら戦略のなかのいずれかひとつを選び，その戦略を一貫して追求していかなければならないということである。複数の基本戦略を同時に追求しようとすれば中途半端になる。なぜなら，

コスト・リーダーシップ戦略が徹底的に低コストを追求するものであるのに対し，差別化戦略はコストをかけることで顧客の特別なニーズを満たす製品・サービスを生み出そうとするものである。戦略的な志向が相互に矛盾しているのである。したがって，相互に矛盾するものを同時に追求することは困難であり，利益率が低下してしまう危険性がある（與那原 2008）。

このように，ポーターは企業がどのように戦うべきかという疑問に対し，3つのパターンを提示した。この合理的でわかりやすい経営戦略の策定方法はポーターらが設立したモニター・グループを通して世界中に広められた。モニター・グループの顧客はグローバル企業や各国政府機関，非営利組織にまで広がった。

第3節　経営知識開発競争の進展

本章で紹介したM型組織や経験曲線，成長シェア・マトリクス，ファイブフォース・フレームワーク，そして3つの基本戦略は経営学の教科書にも記載される基本的・古典的な経営知識となっている。このような経営知識はコンサルティング・ファームやビジネススクールを中心に数々のものが創り出されていくことになった。「コア・コンピタンス」「ビジネスプロセス・リエンジニアリング」「全社的品質管理」「リーン生産方式」「株主価値分析（SVA）・経済付加価値（EVA）」「プロフィット・ゾーン」「ビジネスモデル」「バランス・スコアカード」「ニューエコノミー」「ブルーオーシャン戦略」などである。図書館や書店の専門書用の書架やビジネス書コーナーでは，こうした経営知識に関する書籍が溢れている。

これら書籍の出版の変遷をみてもわかるように，経営知識には流行性という特性がある。経営における主たる関心事や課題が時代とともに変化するため，あるいはコンサルティング・ファームやビジネススクールにより流行がつくりだされるためである。こうした経営知識の流行の動きをいち早く学び，迅速に対応する経営者は有能であり，合理的な経営を行える者であるとみる風潮もあ

る（西井 2013）。

　ただ，経営の現場において，有能な経営者は新しく開発された経営知識を受動的に活用しているわけではない。むしろ能動的に活用しているという報告がある。つまり，経営者が自ら検討し実行しようとする戦略的決定や行動方針に正当性や説得力をもたせるために，新たな経営知識を活用しているのである。コンサルティング・ファームやビジネススクールにより開発された経営知識は，外見上は学術的・科学的な根拠に裏打ちされたものである。そのために，これから実行しようとする戦略的行動が企業にとって正しい方向性であることを企業内外の利害関係者（stakeholder）に説明するために有効なのである（梅野 2004）。

　したがって，経営学の初学者が経営知識を学ぶ際にはそこに流行性があることを認識しておかなければならない。経営知識の有効性，妥当性の限界を理解した上で，どのようにその知識を活用できるのかを意識しながら学ぶ必要がある。

【用語解説】
ビジネススクール：経営教育を行う専門大学院のことである。MBA（Master of Business Administration）の学位を取得できる。
ニッチ市場：特定の需要をもつ規模の小さな市場のことのである。隙間市場ともいう。
ニーズ：顧客がある特定の製品やサービスを必要としている状態にあることをいう。

【参考文献】
Abell, Derek F. & Hammpnd, John S. (1979) *Strategic Market Planning*, Prentice-Hall.（片岡一郎・古川公成・滝沢茂・嶋口充輝・和田充夫訳『戦略市場計画』ダイヤモンド社，1982年）。
Edersheim, Elizabeth H. (2004) *Mckinsey's Marvin Bower*, John wiley & Sons, Inc.（村井章子訳『マッキンゼーをつくった男　マービン・バウワー』ダイヤモンド社，2007年）。
Kiechel Ⅲ Walter (2010) *The Lords of Strategy*, Harvard Business Review Press.（藤井清美訳『経営戦略の巨人たち』日本経済新聞出版社，2010年）。

Porter (1980) *Competitive Strategy*, The free press.（土岐坤・中辻萬治・服部照夫訳『競争の戦略』ダイヤモンド社，1995年新訂版）。

大東英祐（2004）「垂直統合とアメリカの現代企業」鈴木良隆・大東英祐・武田晴人『ビジネスの歴史』有斐閣。

出口竜也（2008）「多角化と全社戦略」中橋國藏編『経営戦略の基礎』東京経済情報出版。

中橋國藏（2001）「経営戦略」後藤幸男・鳥邊晋司編著『経営学』税務経理協会，95-108頁。

西井進剛（2013）『知識集約型企業のグローバル戦略とビジネスモデル』同友館。

三谷宏治（2013）『経営戦略全史』ディスカヴァー・トゥエンティワン。

梅野巨利（2004）「経営コンサルティング企業経営史における主要課題」『商大論集』（神戸商科大学）第55巻第6号，1-32頁。

山田英夫（1997）「戦略の策定　経営資源の展開」大滝精一・金井一賴・山田英夫・岩田智『経営戦略』有斐閣アルマ。

與那原建（2008）「事業環境分析と競争戦略」中橋國藏編『経営戦略の基礎』東京経済情報出版。

吉原英樹（2005）『国際経営論』放送大学教育振興会。

第8章
ヒトのマネジメントの変遷と展望

> **要 旨**
>
> 本章は，終身雇用および年功序列賃金を取り上げ，近年におけるそれらの変容について概説を行う。終身雇用は，主として大企業で働く男性正規労働者を対象に成立してきたと言われる雇用慣行のひとつであり，ある種の社会的規範として成立してきたとされるが，その雇用慣行の対象外である非正規労働者が近年，急速に増加してきている。非正規労働者は終身雇用の対象とされておらず，そのような非正規労働者が増加しているということは，他ならず終身雇用が成立する範囲を数量的に縮減させることを意味する。
>
> 非正規比率は，男女間，あるいは年齢層別にみれば，等しく増加しているのではなく，とくに女性，並びに比較的若い労働者層に拡大しているという特徴がみられる。
>
> 一方，年功序列賃金は，年齢，あるいは勤続年数の増加にともない，昇給する賃金との理解が一般的に広がっているが，第一に，査定制度の要素を排除しない点，第二に，賃金の上がり方のみならず，賃金の決め方という視点が必要な点，そして第三に，そのもとでは「管理序列と処遇序列の分離」という特徴を有する点についての理解が必要である。また，近年，従前の賃金制度に代わり，役割給の導入が認められるが，その役割給のもとでは，「管理序列と処遇序列の分離」という性格より，相対的に言わば「管理序列と処遇序列の接合」という現象が見られる。このことは，従来におけるジョブ・ローテーション型人材育成との不整合を生じさせ，また配転命令権を経営側の専決事項として認めた法的根拠を浸食している可能性がある。

はじめに

周知の通り、終身雇用（lifetime employment）、年功序列賃金（seniority wage）は、企業別労働組合と並んで、いわゆる「日本的経営」（Japanese style management）の特徴として長らく位置づけられてきた。終身雇用、年功序列賃金は古くは1972年公刊された『OECD対日労働報告書』をひとつの契機として広範に知られるようになった言葉であるが、それらはとくに1990年代以降、大きな変化のもとにさらされ、今日、明らかに従前とは異なる様相を呈している。本章は近年におけるそれらの変容について概説を行うものである。本章では、まず終身雇用について、それとは異なる雇用慣行のもとにおかれている非正規雇用労働者の拡大について焦点を当て、終身雇用を前提としない非正規雇用がどのように増えているのか、その概要と特徴を確認する。次に年功序列賃金の変容について論点を移し、従来の年功序列賃金に代わり、今日一般的にその導入が認められる役割給について取り上げるとともに、賃金の決め方の変容がどのような課題を生じさせているか、検討を行う。

第1節　終身雇用の掘り崩し

1-1　終身雇用と非正規雇用の拡大

終身雇用とは、経営上、やむをえず解雇を回避できない場合、あるいは懲戒解雇などの場合を除き、正規労働者（regular workers）として採用された労働者が、基本的に定年まで長期にわたり雇用されることを指す言葉である。この終身雇用は、あくまでも明文化されたルールや制度ではなく暗黙の了解事項であり、ある種の社会的規範として存在してきたものである。また、それは一般的にあくまでも大企業における男性正規労働者を対象とした雇用慣行という特徴がある。したがって非正規労働者（non-regular workers）はその対象とはならないことから、非正規労働者の拡大は、一方では終身雇用の対象を縮減させ、終身雇用が成立する範囲を掘り崩す形で作用することとなる[1]。このような観

第8章　ヒトのマネジメントの変遷と展望　107

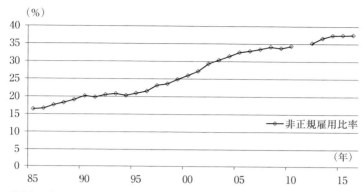

(注)　・労働力調査詳細集計については年平均の数値となっているのに対し，労働力調査特別調査については各年の2月の数値となっている点には注意を要する。
　　　・2011年は東日本大震災の影響により，数値が公表されていない。

図8-1　非正規雇用比率の推移

(出所)　総務省「労働力調査特別調査」及び「労働力調査詳細集計」，各年より作成。

点から，まず非正規雇用拡大の概要を確認しておこう。図8-1は1985年以降における非正規雇用比率の推移を表したものである。1985年には16.4%だった非正規比率は，10年後の1995年には20.9%となり，2016年には37.5%となっている。したがってごく単純に言えば，およそこの30年間で，その比率は2倍以上に上昇したこととなる。このことを非正規雇用労働者の実数で確認すれば，1985年時点では665万人だった非正規雇用労働者は1995年に1,001万人，2016年には2,016万人となり，この間，3倍近く非正規雇用労働者が増加している。

1-2　男女別非正規雇用比率の推移

それではこのような非正規雇用比率の推移は，男女別に見ればどのようになるか，図8-2から確認しておこう。1985年時点において7.4%であった男性非正規雇用比率は，1995年に8.9%となり，2016年には22.1%の水準に達している。1985年から1995年にかけてもその比率は上昇しているが，1995年から2016年の間における同比率の増加幅に比べればその上昇幅は一定の範囲におさまっており，相対的に1995年以降において男性非正規雇用率が大きく伸びていると

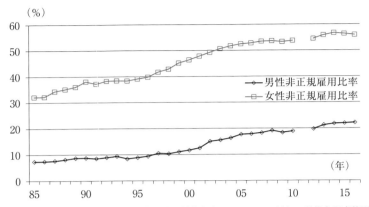

(注)
- 労働力調査詳細集計については年平均の数値となっているのに対し，労働力調査特別調査については各年の2月の数値となっている点には注意を要する。
- 2011年は東日本大震災の影響により，数値が公表されていない。

図8-2　男女別非正規雇用率の推移

(出所)　総務省「労働力調査特別調査」及び「労働力調査詳細集計」，各年より作成。

言える。男性非正規雇用労働者の実数についても確認すれば，1985年には187万人であったが，1995年に256万人となり，そのおよそ20年後の2016年には約2.5倍となる648万人に達している。

　他方，女性非正規雇用比率について見れば，男性非正規雇用比率とはやや様相を異にしており，1985年時点において既に男性非正規雇用比率に比べ高い水準の32.1％であったことがわかる。同様にその推移を辿れば1995年に39.1％となり，2016年には55.9％に至っている。実数で女性非正規雇用の拡大を把握すれば，1985年においてその数は約470万人であったが，1995年時点で745万人となり2016年には1,367万人となっている。男性非正規雇用者の増加と比較すれば，1985年から1995年にかけて，この間，男性非正規雇用労働者はおよそ70万人増加しているのに対し女性では275万人増えていることとなる。さらに1995年から2016年の間では，男性非正規労働者は約390万人の増加に対し，女性ではおよそ620万人の増加となり，この期間においても男性非正規労働者数の増加を女性非正規労働者数の増加が上回っている。このことから非正規雇用の拡

大は男性非正規労働者にも見られる現象ではあるが，もともとその比率が高かった女性非正規労働者においてより一層の非正規化が進展したものと把握することができる。

1-3　年齢階級別非正規雇用比率の推移

　次に，非正規雇用比率の増加について年齢階級別にその様子を確認していくこととしよう。男女間で非正規雇用の拡大において一定の相違が見られたが，以下では年齢階級別にみた場合，すべての年齢層に均等に非正規雇用が拡大しているのか，あるいはそこには偏りが見られるのか，この点について検討を行う。図8-3は，1990年以降の非正規雇用比率の推移を15〜24歳層，25〜34歳層，35〜44歳層，45〜54歳層，そして55〜64歳層の年齢階級ごとに表したものである。15〜24歳の層における非正規雇用比率から順を追ってその推移を確認していこう。1990年に20.5％であった15〜24歳層の非正規雇用比率は，2000年には40.5％とほぼ倍増し，2016年には50.0％となっている。実数で見れば1990年において137万人だった非正規雇用労働者は2016年において約235万人でおよそ100万人の増加となっている。次に25〜34歳の層では1990年には非正規雇用比率は11.7％であったが，その後2000年に15.8％，2016年に26.8％となっている。実労働者数では1990年から2016年にかけて118万人から約170万人増の287万人となった。35〜44歳の層に目を移せば1990年時点に20.9％であった非正規雇用比率は，2000年に23.1％に増加し，2016年には29.2％でおよそ30％の水準に達している。実労働者数で確認すれば，1990年と2016年の比較で246万人からおよそ140万人増の387万人となっている。さらに45〜54歳の層では，1990年に20.8％であった同比率は，2000年の24.6％を経て，2016年に32.7％に至っている。非正規雇用労働者の実数では，1990年の202万人から2016年に401万人となり，この間に非正規雇用労働者が200万人増えていることとなる。最後に55〜64歳の層について同様に確認すれば，非正規雇用比率は1990年の29.6％から2000年に32.6％となり2016年に47.2％となっている。実労働者数では1990年から2016年にかけて139万人から414万人の275万人の増加である。

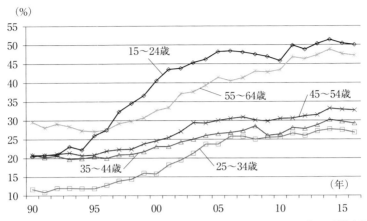

(注) ・労働力調査詳細集計については1〜3月平均の数値を用いているのに対し，労働力調査特別調査については各年の2月の数値となっている点には注意を要する。
・15〜24歳層には在学中の者も含まれている。

図8-3　年齢階級別非正規雇用比率の推移

(出所) 総務省「労働力調査特別調査」及び「労働力調査詳細集計」，各年より作成。

　1990年から2016年までにおける非正規雇用比率増加についてあらためて確認すれば，1990年代においてはおよそ20％であった15〜24歳層が最もその比率を伸ばし，50％の水準にまで達している。このことから，非正規雇用比率の増加といった場合，確かにすべての年齢階級においてその増加は認められるが，あらゆる層に等しく，言わば均等に非正規化が広がっているかといえば，そこにはある種の不均等さが生じているといえる。特に15歳から24歳層における非正規比率の増加は著しく，非正規雇用の問題について論じる際，若年労働者が主要な問題関心のひとつとなっている[2]。またその問題は同様に男女間における相違を背景として，ジェンダー視点を伴った検討の必要性[3]を論点として投げかけている。

第2節　年功序列賃金の変容

2-1　年功序列賃金

　年功序列賃金はごく一般的に知られている言葉であるが，この言葉が指し示す内容は非常に多義的であり，何をもって年功序列賃金とするのかは必ずしも自明ではない。通説的に語られる年功序列賃金のイメージとしては，たとえば年齢や勤続年数に応じてある種自動的に昇給する賃金といったものであろう。しかしながら，本章において「年功序列賃金」といった場合，以下の論点を付け加え把握しておくこととしたい。

　すなわち第一に，年齢や勤続年数によってのみ昇給するのではなく，そこには能力考課，成績考課，情意考課などの査定[4]（appraisal system）をともない，それらの評価を含む処遇制度としての側面である[5]。第二に，賃金の決め方としての年功序列賃金である。しばしば指摘されるように，欧米の賃金においても横軸に勤続年数をとり，縦軸に賃金額をとりグラフを描けば，賃金は勤続年数とともに上昇することが知られている[6]。別言すれば賃金の上がり方のみに注目すれば，欧米の賃金も日本と変わらない年功序列賃金ということになってしまう。しかしながら双方には賃金の決め方において，顕著な相違が認められる。その相違とは端的には，欧米においては仕事を基準とする賃金としての性格があるのに対し，日本では労働者の勤続年数や能力などのヒトを基準とした賃金という相違である[7]。第三に，賃金の決め方としてのこのような年功序列賃金の性格に起因し，年功序列賃金の下では労働者が就いているポストと処遇とが分離し，直接的には結びつかない点である。このことを「管理序列と処遇序列の分離」[8]という。

2-2　役割給（payment system based on roles）

　以上を念頭におきながら，今日，広がりを見せている役割給について検討していくこととしよう。労務行政研究所が主に全国証券市場上場企業を対象に実施した「人事労務諸制度実施状況調査」によれば[9]，2007年には15.3％の企業

が役割給をすでに導入し，その後，2010年には25.8％，2013年には27.6％と，徐々にその比率を伸ばしている。役割給は，労働者が就いているポストに対して役割の定義が与えられ，それらをまとめた役割等級のもと，査定を伴い処遇が決定される賃金である。以下では，広い意味での流通・小売業の分野において全国で2兆円以上の商品供給高を誇り，そのうち関東地域で事業を行っているA事業体を例に，その概要をごく簡単に確認しておくこととしよう。A事業体においては，役割等級AからDが定められ，それらの等級と具体的な職名との対応関係を一部示せば表8－1の通りである。役割等級A内のA1からA3までの等級では，与えられた役割の定義に基づき比較的下位に位置づけられる職名が括られている。A等級より上位のB等級に目を移せば，B1等級では比較的規模の小さい店舗の副店長，中型店舗の部門チーフなどが括られ，その一つ上の役割等級B2では中型店舗の副店長，大型店舗の部門チーフが各々，等級づけられている。B3等級においては大規模店舗の副店長，小規模の宅配センター長が該当する。

　次に表8－2を用いながら，役割給の運用方法について確認しておこう。表8－2は，同じくA事業体のケースをもとに，ある等級の役割給設定額を切り出し，イメージとしてその概要を作成しなおしたものである。便宜上，同表のうち現在2号俸を受給しているものとして，その運用方法を確認する。2号俸に括られている者は，1年間の働きについて査定を受け，その結果としてS，A，B，C，Dの5段階評価を受ける。仮に今，最もいい「S」の査定結果が得られたとしよう。この場合，当該年度の査定結果の如何にかかわらず，当該号俸に括られていた全員が3号俸に昇級した上で，昇級後の3号俸のもとで，過去1年間の査定結果，すなわちこの場合5段階評価のうち「S」の役割給，16万円を受給する。その後，同様に1年間の働きぶりについて評価が行われ，次期に仮に「B」評価となった場合，3号俸に括られていた全員が4号俸に昇級した上で，4号俸内におけるB評価の16万3,000円の役割給を受給することとなる。現在，括られている等級より1つ上位の等級ポストに昇級した場合には，新しいポストが括られる上位等級の給料表のもとで，同様に役割給の運用

表8-1　役割等級と職名の対応関係

役割等級	職名
A1	係
A2	主任
A3	係長，部門チーフ（小規模店舗）など
B1	事務長，副店長（小規模店舗），部門チーフ（中規模店舗）など
B2	副店長（中規模店舗），部門チーフ（大規模店舗）
B3	店長（小規模店舗），副店長（大規模店舗），宅配センター長（小規模）など

(出所)　A労働組合（2009）『労働組合ハンドブック』A労働組合を一部簡素化の上，作成。

表8-2　役割給の設定額

(単位：円)

	S	A	B	C	D
1号俸	150,000	149,000	148,000	147,000	146,000
2号俸	155,000	154,000	153,000	152,000	151,000
3号俸	160,000	159,000	158,000	157,000	156,000
4号俸	165,000	164,000	163,000	162,000	161,000
5号俸	170,000	169,000	168,000	167,000	166,000
6号俸	175,000	174,000	173,000	172,000	171,000
7号俸	180,000	179,000	178,000	177,000	176,000
8号俸	185,000	184,000	183,000	182,000	181,000
9号俸	190,000	189,000	188,000	187,000	186,000
10号俸	195,000	194,000	193,000	192,000	191,000
11号俸	200,000	199,000	198,000	197,000	196,000
12号俸	205,000	204,000	203,000	202,000	201,000
13号俸	210,000	209,000	208,000	207,000	206,000
14号俸	215,000	214,000	213,000	212,000	211,000
15号俸	220,000	219,000	218,000	217,000	216,000

(出所)　A労働組合（2009）『労働組合ハンドブック』A労働組合を参考に，役割給設定額のイメージとして作成。

が行われる。もし仮に上位の等級に括られる新しいポストに昇級できなければ、これまでと同じ等級のもとで昇給が行われ、表8-2の等級の場合には、15号俸で昇給がストップすることとなる。換言すれば最高号俸の15号俸に達すると、1年の勤続ごとの昇給はなくなり、毎年の査定結果に基づき「S」評価の22万円から「D」評価の21万6,000円の範囲内で役割給を受給することとなる。

2-3　役割給運用の特徴

　それではこのような役割給のもとでは、どのような特徴がみられるのか、その運用の実際について、同じくA事業体をケースとして取り上げ検討していくこととしよう。

　A事業体はその事業を行う上で、本部と店舗と宅配の業務を行っている。図8-4は、それら全てを対象として、横軸に勤続年数をとり、縦軸に役割給受給額をおき、散布図でその様子を示したものである。図8-5～8-7は、それらの役割給受給額を本部、店舗、宅配に分解し、各々の役割給受給額を散布図で表したものである。図8-4に注目すれば、およそ10万円、12万円、15万円弱、17万円、25万円付近に、横一列に役割給受給額が並んでいるラインを確認することができる。これらのラインは役割等級A2～B3等級における最高号俸の役割給受給額と一致している。それらのラインを念頭に、図8-5（本部）、図8-6（店舗）、図8-7（宅配）を見比べれば、図8-5（本部）では同様にそれらのラインを確認することができるものの、図8-6（店舗）ではそれらの線が一部不鮮明になり、図8-7（宅配）では図8-4で確認できた、約15万円以上の横一線のライン（B1、B2、B3等級上の最高号俸）が確認できなくなっている。言い換えれば、宅配においてはA3等級の最高号俸に達している者を、その役割給受給額のラインとして散布図上、確認できるものの、それより上位の等級で最高号俸に達している者については、本部や店舗のようには確認することができないということである。

　それではこのような本部、店舗、宅配ごとの役割給受給額の相違は何に起因するものだろうか。表8-3は、A事業体の各役割等級上のポスト数をまとめ

第 8 章　ヒトのマネジメントの変遷と展望　115

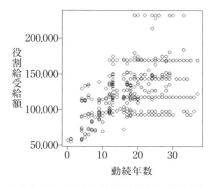

図 8-4　勤続年数別役割給の散布図
　　　　（全体）

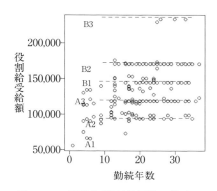

図 8-5　勤続年数別役割給の散布図
　　　　（本部）

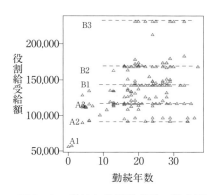

図 8-6　勤続年数別役割給の散布図
　　　　（店舗）

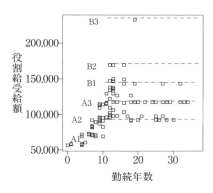

図 8-7　勤続年数別役割給の散布図
　　　　（宅配）

（出所）　A事業体（2009）「賃金資料」より作成。

たものである。本部のポスト数について見れば，そのピークはB2等級の149であるが，店舗ではB1等級の108がピークであり，宅配ではA3等級のポスト数，61が最も多い数値となっている。すなわち宅配ではポスト数の上で，A3等級までは昇級することができるが，それ以降はポスト数が減ることから，原理的にB1等級以上に昇級できる者が限られることとなる。従ってA3等級にいる者の多くは結果としてA3等級に滞留することとなる。このことは店舗における

表 8-3 各役割等級における業態ごとのポスト数

(単位:個)

	A1	A2	A3	B1	B2	B3
本　部	22	20	62	69	149	18
店　舗	22	8	73	108	81	41
宅　配	47	28	61	22	14	4

(出所)　A事業体(2009)「賃金資料」より作成。

B1等級についても同様のことがいえる。B1等級では108のポストがあるが，B2等級には81のポストしか存在しないことから，必然的に上位のポストに昇級できない者が発生することとなる。つまり，本部，店舗，宅配ごとに役割等級の各等級上に括られるポスト数が異なり，このことに起因して，本部，店舗，宅配では昇級のしやすさが異なってくることとなる。

2-4　役割給運用の課題

　このような特徴は，一言で言えば就いているポストが処遇と，強く結びついており，また各等級内に存在するポストの数が昇給の難易度を強く規定しているものと言える。このような現象は，年齢や勤続年数など，また労働者に対する能力を含む労働者の属性が評価され，管理序列と処遇序列とが相対的に分離していた従前の賃金とは異なり，管理序列と処遇序列とが接合していることを意味する。それでは，このような役割給の下での言わば「管理序列と処遇序列の接合」[10]は，どのような課題を論点として提起するのであろうか。第一に，これまでのジョブ・ローテーション型人材育成との整合性である。ジョブ・ローテーション型人材育成とは，組織内において必要とされる人材像から，将来そのような能力を有する労働者を育てるため，各種の職場を定期的に異動させ，将来求められる能力を身に着けさせる人材育成方法を指す。それを可能とするのは柔軟な配置転換であり，その担保する仕組みとして「管理序列と処遇序列」を位置づけることができる。就いているポストと処遇とが接合すれば，原理的に配置転換上の硬直性が埋め込まれることとなり，双方にその整合性に

第8章　ヒトのマネジメントの変遷と展望　117

おいて調整が必要となる。第二に，各種の労働に係るルールとの適合性である。日本における労働に係る各種のルールは属性基準賃金のもと形成されてきたという特徴があり，たとえば配転命令権が経営側に専決事項として認められてきた点があげられる。東亜ペイント訴訟事件で知られるように，日本においては業務上の必要があり，「労働者に対し通常甘受すべき程度を著しく越える不利益」[11]など，特段の事情がある場合を除き，基本的に経営側による配転命令権の掌握が認められてきた経緯がある。その法的根拠は，ごく平たく言えば，仮に配置転換を行ったとしても管理序列と処遇序列とが分離した下では，労働者側の不利益は限定的である点に求められる。しかしながら，役割給における「管理序列と処遇序列の接合」は，そうした法的根拠を浸食している可能性があり得る。

【注】
1) 非正規雇用拡大の契機として，日経連が提唱した『新時代の「日本的経営」』について言及する必要があるが，紙幅の都合上，割愛せざるを得ない。同点については，たとえば吉沢正広編著（2015）『やさしく学ぶ経営学』学文社を参照されたい。また終身雇用の変容と言った場合，正規労働者の状況についても同様に取り上げるべきであるが，別稿であらためて検討することとしたい。
2) 同点については，たとえばOECD編著，濱口圭一郎監訳，中島ゆり訳（2010）『日本の若者と雇用』明石書店を参照されたい。
3) たとえば，森ます美（2005）『日本の性差別賃金』有斐閣を参照されたい。
4) 能力考課は，労働者自身が有する能力（有すると想定され，また将来期待される能力を含む）を評価し，成績考課は仕事の結果，もたらされた成果について評価を行うものである。他方，情意考課は労働者の「やる気」や「協調性」などの項目について評価を行う各種の査定項目ある。日本における人事査定研究については，遠藤公嗣（1999）『日本の人事査定』ミネルヴァ書房が詳しい。
5) もし年功序列賃金を年齢や勤続年数によってのみ自動的に昇給するとし，ある種，牧歌的なイメージでこの言葉を把握すると，さまざまな現象に対するフレームワークを喪失してしまう。そうした問題としてはたとえば過労死の問題があげられる。年齢や勤続年数でのみ賃金が自動的に昇給するのであれば，なぜ過労死問題が生じるのであろうか。そこには極限的に労働者の生命の危機との隣り合わせの下，労働

力供給を労働者に求め，それを強い，調達する装置の視点が不可避的に必要となる。
6) たとえば小池和男（1991）『仕事の経済学』東洋経済新報社を参照されたい。
7) この点については遠藤公嗣（2005）『賃金の決め方』ミネルヴァ書房を参照されたい。遠藤（2005）は，「属性基準賃金」「職務基準賃金」という言葉を用い，賃金の決め方について整理を行っている。
8) 「管理序列と処遇序列の分離」については，たとえば木下武男（1999）『日本人の賃金』平凡社を参照されたい。
9) 全国の証券市場に上場している3,432社の企業とそれに匹敵する非上場企業（資本金5億円以上で，かつ従業員数が500人以上の企業）304社を対象に行われた調査であり，回答数はそれらのうち214社となっている。
10) 詳細については拙著（2016）「配転命令権の法的根拠と役割給」（社会政策学会第133回大会自由論題報告⑧労働2）のフルペーパーを参照されたい。同ペーパーは近いうちに公刊される予定である。
11) 詳細については東亜ペイント訴訟事件の最高裁判決を参照されたい。

【参考文献】
遠藤公嗣（1999）『日本の人事査定』ミネルヴァ書房。
遠藤公嗣（2005）『賃金の決め方』ミネルヴァ書房。
木下武男（1999）『日本人の賃金』平凡社。
小池和男（1991）『仕事の経済学』東洋経済新報社。
総務省「労働力調査詳細集計」（各年）。
総務省「労働力調査特別調査」（各年）。
森ます美（2005）『日本の性差別賃金』有斐閣。
OECD編著，濱口圭一郎監訳，中島ゆり訳（2010）『日本の若者と雇用』明石書店。

第9章
組織のマネジメント
―成功した企業の組織―

> **要 旨**
>
> 　企業を発展させる組織とはどのようなものか。成功した企業の組織はどのようなものであったか。その組織の何が企業を成功に導いたのか，組織と企業の成功との間に何か関係があるのか。以上が本章の問題意識である。
> 　基本的な企業の組織形態を踏まえ，新たな動向を確認したのち，日本を代表する大企業である「パナソニック」の組織変遷を，その源流から辿っていく。
> 　パナソニック（当時の松下電器産業）は，今日，さまざまに工夫が凝らされる最新の組織形態の原点ともいえる事業部制組織を，日本企業としては初めて採用した。環境の変化に適応するために，幾度も組織の形を変えながら，今日のグループ体制につながっていく。こうした外側からの視点に加え，組織の内部にも注目すると，そこには創業者である松下幸之助やその後を継承する人々の，組織としての活動が浮かび上がってくる。このような事例をもとに，組織についての理論（考え方）を照らし合わせながら，議論を深めていく。

第1節　組織とは何か

そもそも，組織とは何であろうか。「組み織る」と漢字で書き示す通り，企業の組織とは，企業内の資源をうまく組み合わせて（マネジメントして），織りなすことによって「組織（organization structure）」として成立する。

ジェームズ・マーチとハーバート・サイモンは，古典的著作『オーガニゼーションズ』の中で，ＵＳスチール株式会社は公式組織であり，赤十字も，街角の食料雑貨店も，ニューヨーク州高速道路局も公式組織（formal organization）であると述べ，用語の定義をするよりは，例をあげた方が簡単で有用であるとしている。

本章では，現代のマクロ（巨視的），ミクロ（微視的）と大別される経営組織論において，マクロ面から企業組織を例示しながら実態を明らかにし，順にミクロ面へと考察を深めていく。マクロ組織論における「組織のマネジメント」は，環境に適応するために，どのような組織形態を採用するのかということが重要な課題となる。その一方，ミクロ組織論では，職務設計，モチベーションなど個人レベルの分析まで踏み込むものであり「組織行動論」などとも呼ばれる。

以下では，総合的に組織のマネジメントを考える前提として，組織図として「見える化」することのできる組織形態のバリエーションを確認することからはじめる。

第2節　企業の組織形態

2-1　職能別組織（functionalized organization）

いくつかの組織形態のバリエーションがあるとはいえ，もともと組織は単一の職能（機能）を遂行するシンプルな構造からはじまるものである。組織成員の一人ひとりが，それぞれの役割を果たし集団で力を発揮することで目標を達成する。その規模が大きくなることによって職能別組織へと進化する。すなわ

ち，分業によって細分化された作業が部門化される。分業の原理に基づき徹底した効率性が追求されるのである。

職能別組織は機能別組織とも呼ばれるとおり，「製造」「販売」「研究開発」「人事」「財務」などという各機能（部門）別，職能別に構成される。したがって，専門性や効率性に長けた少数事業の経営に向く「集権的」な組織といえる。組織の目的を効率的に達成するために目的を細分化し，分業が行われ，専門化が進むと，それらを調整する必要性が生じる。「分業と調整のメカニズム」が必要とされる。

2-2　事業部制組織（divisionalized organization）

部門化は，職能別だけに限らず，目的別にもなされる。製品やサービス，地理，顧客別などにも分けられる。これは事業部制組織（以下，事業部制とも表記する）の成立につながる。製品別に事業部がつくられていけば，その全体は，製品別事業部制組織となるわけである。そして，それぞれが目的の達成に向けて必要になる機能をすべて備えており，分権的な構造である。権限移譲が行われているため，意思決定のスピードアップが図られる。

現代では，グローバルな事業部制は製品別事業部制や地域別事業部制として多数存在する。事業の「規模（scale）」および「範囲（scope）」の拡大は，企業に事業部制組織への移行を促すことになるのである。また，カンパニー制組織，分社制組織（社内分社制）などと呼ばれる事業部制組織の発展型も多く見受けられるようになる。

具体的に，カンパニー制は，1994年にソニーが組織変更を行った際に命名されたものである。この組織変更では，全社組織が主要製品ごとに8つのカンパニーに分けられ，それぞれに各カンパニーのトップ（プレジデントと呼ばれる）を配することにより，各カンパニーの独立採算制を強化しようとするものであった。ソニーの組織再編の動向後，三菱化学，旭硝子をはじめとする企業が同様の再編を行ったことによって名称は定着したといえるが，その設計の基本原理は事業部制と同様である。独立したカンパニーとはいえ，子会社として分

離するのではなく社内分社であることによって，カンパニー間での技術交流など柔軟な環境変化へのさまざまな対応が可能となる。

2-3　マトリックス組織（matrix organization）

　以上までの職能別組織と事業部制組織を「ヒエラルキー（hierarchy）」型（ピラミッド型）とまとめると，これと異質な型であるのが二重（多重）構造である「マトリックス組織」である。ヒエラルキー型のような縦だけではなく，横にも調整やコミュニケーションの軸をいれた図になるものがマトリックス組織である。1960年代のアメリカ航空宇宙局（NASA）のアポロ計画に参加した宇宙航空産業の企業によって，従来の職能別組織にプロジェクトチームが横串を指すような形に編成されたのが初であったといわれている。

　そもそもマトリックス組織が考案された目的は，事業部制の欠点を補うことであった。事業部制では「事業軸」は強くなるものの，相対的に「機能軸」が弱くなってしまう。したがって，共通に利用可能な資源があるにもかかわらず，重複的に投資が行われて非効率になる可能性がある。そこで職能別組織と事業部制のそれぞれの長所を同時に取り入れ，全社的な効率と事業の独立性を同時に追求しようとしたのである。しかしながら，二軸による「上司―部下」の関係性，いわゆる「ツーボス体制」によって命令系統が2つになるため，権限関係やコミュニケーションラインが複雑になるという欠点も同時に存在する。

　したがって，防衛産業，航空機産業，重工業，建設業，精密機械業等にみられるものの，失敗事例も少なくない。かつて，三菱重工業などでも同様の構造が採用されてきたことは有名である。

2-4　組織改革の新展開とその源流

　2016年，トヨタは「カンパニー制組織」を採用した。製品群ごとの4カンパニー[1]と，技術分野ごとの3カンパニーという2種類のカンパニーで構成され，中短期の商品計画や製品企画はカンパニーが担うものである。

　製品軸カンパニーを中心に，機能軸カンパニーや地域軸となる第1トヨタ・

第2トヨタと呼ばれてきたビジネスユニットもあり，一見するとマトリックス組織のような串刺しが想起される。自動車のタイプごとのカンパニーは事業部制組織，技術分野のカンパニーは職能別組織といえる。

トヨタでは，「機能」軸ではなく，「製品」軸で仕事をしていくことによって，機能の壁を壊して調整を減らし，すべての仕事を「もっといいクルマづくり」とそれを支える「人材育成」につなげていくことが組織変更の目的だとしている。

そもそも実質最初のカンパニー制組織は，1984年の松下電器産業の本部制（テレビ，ビデオ，音響，電化）であり，現在のパナソニックの組織であったといわれる。一般にもいわれる「企業の寿命30年説」と比べれば，その3倍以上の年月を経て，売上高7兆3,437億円（2017年3月期），従業員数約25万人という100年企業が「パナソニック株式会社」である。

以下では，国内シェアトップの家電メーカーという側面より，自動車や住宅関連事業に注力するなどの変貌をしつつあるパナソニックの組織の変遷を辿っていく。

第3節 「パナソニック」の組織変遷
―マクロ組織のマネジメント

3-1 事業部制・分社制のスタート

パナソニックは，1933（昭和8）年5月，工場を主体にして製品ごとにプロフィット・センターとして事業部を編成するという，分権化した事業部制をあみ出していた。前年には，従業員は1,200人余り，製造品目200余種の事業体となっており，工場の増設・増産にもかかわらず注文に応じ切れなくなるほどであった。創業者である松下幸之助（1894-1989，以下「幸之助」）は，将来の発展を考えて，本格的な本店・工場を大阪の東北郊外，門真地区に建設することにした。

このような工場群を部門別に分けたのが幸之助の発想による事業部制であっ

た。ラジオ部門を第1事業部，ランプ・乾電池部門を第2事業部，配線器・合成樹脂・電熱部門を第3事業部とした。3つの「事業部」に分け，製品分野別の「自主責任経営体制」をしいたのである。各事業部はそれぞれの傘下に工場と出張所を持つこととなる。製品の開発から生産，販売，収支に至るまで，一貫して責任をもつ独立採算の事業部制組織となった。1935年12月には，これまでの「松下電器製作所」から「松下電器産業株式会社」へと改組された。

日本国外に目を移すと，デュポンとゼネラルモーターズが1920年代初めに，スタンダード石油ニュージャージーが1925年に，シアーズ・ローバックが1929年に事業部制への組織再編成に着手している。この4社が最初に事業部制を生み出した会社とされている。火薬・爆薬メーカーであったデュポンの場合，第1次世界大戦後，火薬・爆薬の需要の減少を予想し，化学製品の多角化を目指した。工場が複数の地域にまたがり，また流通経路も複雑になるにつれて，職能別組織では対応しきれなくなった。そして，事業部制組織を導入するに到ったのである。

当時の日本において，こうした組織を持つ会社は他に例がなく，「事業部制」を戦前から採用していたことは画期的であり，パナソニックの経営の特長として今日まで引き継いできたということができる。幸之助は「一つの会社のままで，部門をわけて，それぞれの部門の運営についてはその責任者に大幅に権限を与えて，あたかも独立会社のごとき実態においてやっていく」方法であると述べている（松下 1978）。

3-2 社内分社制の導入

戦後，1954年に「事業本部制」となり事業本部長の下に10事業部が設置される。事業部数の増大につれて，関連する事業部群ごとにグルーピングして統括するのが「本部」である。その後，事業部制（1972年），総括事業本部制（1975年），本社部門を簡素化した1977年事業部制から1984年本部制（社内分社制）に至る間には，松下電子部品をはじめ4社が分社（1976-1979年）されるなどを経て，80年代，総合家電から総合エレクトロニクスへと舵取りを変えた。

さらに、90年代に入ると事業部制（1994年）へと行き来している。1997年4月、新たな経営組織体制として、84年の「本部制」を初と考えれば、二度目の「社内分社制（カンパニー制）」が導入された。急速な技術進歩、商品の融合化・複合化、事業のグローバル化などへ対応する新たな体制とされた。ひとつの経営意思の下に連携して事業活動を進めていくべき事業部を「事業群」として集約し、ひとつの経営単位となる社内分社は、AVC社、電化・住設社、エアコン社、モータ社の4社であった。

その運営の基本は、次の4つである[2]。

(1) 現在の分社（社外）と同等の位置づけとし、独立した株式会社と同じような体制、運営とする
(2) 責任経営体制の基本単位とし、事業計画、および決算の検討・報告は、社内分社単位で行う
(3) 経営は分社社長に一任され、その裁量によって最適な経営を行う
(4) 分社内の組織の基本は事業部制とする

すなわち、それまでの事業部制においても、事業部長の名で銀行口座をもっていたといわれるなどの体制であったものが更に強化されたのである。この組織改革で、事業部門は、大きく「社内分社」「分社」「関係会社」という体制となり、パナソニックの根幹ともいうべき「責任経営制」の新しい姿のもと、競争原理に基づく「群経営」がスタートしたのである。

3-3 経営危機における事業部制の解体

10億円の負債を負った時期、集権体制として組織を率いる必要性に迫られた幸之助は、いったん事業部制を「工場制組織」（1949年）とすることで、この危機を乗り切る体制をとった。その頃から半世紀後には、創業以来の赤字決算に至った。その結果、こうした経営危機において「事業部制の解体」が、2001年の家電事業部門における営業切り離しからはじまり、新体制発足に先立ち、2002年10月1日には、松下通信工業、九州松下電器、松下精工、松下寿電子工業、松下電送システムのグループ5社を完全子会社化した。2003年には14事業

のドメイン会社制に移行，グループ全体での事業再編が実施された。

　それまで，事業部や分社が似通った製品を同時に手がけ，社内競争によって開発力を高めるという考え方が基本にあったものの，そのメリットよりも，重複による効率低下というデメリットが目立つようになった。この事業再編によって「幸之助が作った事業部制」が失われることになるものの「経営理念以外に聖域なし」として，グループ企業間の事業重複の排除，開発を中心とする経営資源の集中，開発・製造・販売の全機能の統合・一元化を図ることを基本とし，自主責任経営の徹底を図っていくための改革が推進されたのである。

　2008（平成20）年，松下電器産業㈱からパナソニック㈱に社名変更，翌年には三洋電機を子会社化，2011（平成23）年には，パナソニック電工と三洋電機を完全子会社化するも，2011年度－2012年度に，合計1.4兆円以上の巨額赤字を計上する。薄型テレビの「プラズマパネル」工場に巨費を注いだが，世界的に「液晶パネル」が主流となり，巨額赤字を計上することになったのである。パナソニックという「家電王国」は存亡の危機にさらされることになる。

　このような危機に際しては，2012年6月，パナソニック史上最年少の55歳で就任した津賀一宏社長が2013（平成25）年，事業部を基軸とした4カンパニー制（コネクティッドソリューションズ社，アプライアンス社，エコソリューションズ社，オートモーティブ＆インダストリー）をスタートさせる。すなわち，「事業部制の復活」とともに，プラズマテレビから完全撤退するなど，新たな改革がはじまった。そして，そこから見事に復活を成し遂げていく。

　パナソニックの事業部制の歴史とは，一方で，自律的事業単位たる事業部ごとの徹底した分権化を追求しながらも，他方では，それらを全社的な視点から統合・管轄しようとする別の試みが繰り返され，両者の間を揺れ動いてきた（下谷 1998）。分権化と集権化の間で組織設計がなされてきたのである。また，その変遷は，環境適応の歴史と言い換えることができる。すなわち，環境適応のための戦略との関係性の中で，組織が決定してきた。組織は戦略に従う。逆に，組織のあり方を模索する中で戦略も決定されてきたともいえよう。

第4節　組織の活性化―ミクロ組織のマネジメント

4-1　組織成立の3要素と経営者の役割

　パナソニックの歴史を遡れば，幸之助が松下電気器具製作所として創業する以前，1915年に結婚した妻むめのの弟で，後に三洋電機を創業する井植歳男らとソケットの製造をはじめたところに行きつく。チェスター・バーナードは，古典的著作『経営者の役割』において「意識的に調整された2人またはそれ以上の人々の諸活動や諸力の一体系（システム）」を公式組織として定義した（Barnard 1938）。この定義に照らし合わすと，その創業の原点が紛れもなく「組織」であったことは明らかである。その頃は，組織図としてあらわすほどのものではく，社長である幸之助と家族を中心とした職場集団による，文字通りの家族経営であったものの，創業した1918年の年末には，従業員数が20名を超え，人員数としては組織らしさが出てくる。

　その後，幸之助がマクロ組織のマネジメント，すなわち「事業部制組織」によって「任せる」ことを通じて経営を発展させたわけであるが，同時に，ミクロ組織のマネジメントにおいても「任せる経営」が徹底されていたはずである。すなわち，組織における人々のやる気を高め，心的エネルギーを組織の向かうべき方向に仕向けるために，どのようにして成功を続けてきたのかなどの論点である。

　バーナードは，組織成立のための条件として，その3要素「伝達／コミュニケーション（communication）」「貢献意欲（willingness to serve）」「共通目的（common purpose）」を示した。仮に，これらが不十分であるとすると，厳密な意味での組織ということはできない。しかし，パナソニックのような事業部制を擁する大企業において，共通目的があいまいになったり，従業員の貢献意欲が減退したところで，即座に企業崩壊とはならない。すなわち，組織崩壊の予兆が見え隠れする状態が3要素の不十分さに表れるのであり，これらを活性化することが，企業の存続や発展に寄与するといえる。したがって，成功した企業の軌跡をたどれば，それは「組織活性化」の歴史ということができるだろ

う。これこそが経営者や管理者の役割ということもできる。組織内ではさまざまな現象が起こりうる。たとえば，分社や企業合併において，人々の間にはコンフリクトが生じる。組織図が変われば人々の意識も変わる，しかし簡単に変われないものも少なくないだろう。

　幸之助の経営理念，経営哲学がバーナードのいう「共通目的」，共通の方向性に組織を向かわせる原動力となっていた。経営数値上の目的ばかりでなく，実際に，改革が必要とされるときにも守られてきたものである。

4-2　組織の均衡―「誘因」と「貢献」

　いかにして貢献意欲を引き出すかという点について，モチベーション理論の「動機づけ―衛生理論」では，不満足を生む要因（衛生要因）である「賃金」などではなく，「責任」などの満足を生む要因（動機づけ要因）に働きかけることが重要とされる。それでは，活性化した組織，高い貢献意欲をもつ社員によって構成される組織存続のためにはどうしたらよいのであろうか。「誘因」と「貢献」から説明される「組織均衡論」では，以下のように論じられる。

　　「組織のメンバーは組織がかれらに提供する誘因の見返りとして組織に貢献する」。そして「もし貢献の総量が誘因の必要な量を満たすに十分であれば，組織は存続し，成長する。もし均衡が達成されなければ，組織は縮小し，最終的には消滅する」（Simon 1997／訳書 221-222）。

　ここでいう組織とは，企業内部だけをさすのではない。つまり，従業員だけでなく，株主，顧客，取引先も含めて考えられているのである。

　分社をはじめとする関係会社，全国のあらゆる地域に根差した代理店・販売店のネットワーク（連名店制度）によって，その売り上げを支えられていたのがパナソニックである。すなわち，「誘因―貢献」の関係の均衡を継続させてきた。パートナーがあってこその成長という考えは「共存共栄」という言葉で表されており，こうした組織成員の間で共有された考え方に基づく企業全体の行動原理や思考様式，すなわち「組織文化（organizational culture）」が，現在まで続く顧客基盤やブランドとなっているといえよう。

意思と感情をもつ人間一人ひとりと真摯に向き合うことが，大きなネットワーク組織として，現在のパナソニックグループの基礎を作ったといえるだろう。

第5節 まとめ

「あなたの会社では何をつくっているのか？」と問われ，幸之助は，「モノを作る前に，ヒトを作る会社です」と答えたという有名な逸話がある。「事業は人なり」として環境変化に適応できる柔らかい組織・人材の育成に力を入れ，事業部制によって人（経営者）を育てた。幸之助自身，事業部制のねらいには「自主責任経営の徹底」と「経営者の育成」の2つがあると述べている。幸之助は「任せること」を重視したのであり，事業部制以前の1927年，電熱部を設置する際にも，生産販売に関するすべてを責任者に一任する方式を採っていたのである。幸之助は，体が弱かったこともあり，自分だけで会社経営のすべてを見ることの限界を自覚して，早くから人に任せることを心がけてきたという。その結果，任せられた人は存分に創意と能力を発揮し，大きな成果につながったのである。

企業を成功に導くのは組織が「組織として成立する」という公式だけから説明できるわけではない。パナソニックの場合，幸之助のリーダーシップがあったればこそともいわれる。「経営の神様」ともいわれる幸之助の死後も，その影響力は組織内に残ったのである。

信頼して任せるためにも，目的を共有していることが重視され，質量ともに望ましいコミュニケーションがあり，衆知を集める。任せられた事業部長をはじめとする部下が幸之助についていく体制が整っていったといえるだろう。権限が与えられると同時に成果に対する責任を負う。その中で経営者をはじめとする社員が育成される。単に，どのような組織形態をとるべきかという点だけではなく，こうした好循環を作り続けることが組織の存続・発展につながるのである。

【注】

1）製品軸は「Toyota Compact Car Company」「Mid-size Vehicle Company」「CV Company」「Lexus International Co.」に加え，2017年には「新興国小型車カンパニー」が加わる。技術軸は「先進技術開発（自動ブレーキ，自動運転など）」，「パワートレーン（エンジン，トランスミッションなど）」，「コネクティッド（カーナビ，ネット対応など）」である。従来，機能軸の組織だった技術と生産技術を先行・量産で分け，各カンパニーに振り分ける。なお，トヨタ自動車東日本やトヨタ車体，トヨタ自動車九州など，車両の開発生産を担う車体メーカーも各カンパニーに参画する。
2）本記述も含め，パナソニック株式会社のウェブサイトから得たアニュアルレポートを中心にした情報に多くを負っている。
http://www.panasonic.com/jp/corporate/ir/reference/annual.html（2017年9月10日アクセス）

【参考文献】

Barnard, Chester I.（1938）*The Functions of the Executive*, Harvard University Press.（山本安次郎・田杉競・飯野春樹訳『新訳経営者の役割』ダイヤモンド社，1956年）。

Chandler, A. D. Jr.（1962）*Strategy and Structure in the Industrial Enterprise*, The MIT Press.（有賀裕子訳『組織は戦略に従う』ダイヤモンド社，2004年）。

March, J. G. & Simon, H. A.（1958；1993）*Organizations*, 1st ed., New York, NY: John Wiley & Sons; 2nd ed., Cambridge, MA: Blackwell.（高橋伸夫訳『オーガニゼーションズ（第2版）現代組織論の原典』ダイヤモンド社，2014年）。

Pugh, D. S. and Hickson, D. J.（2000）*Great Writers on Organizations* 2nd omnibus ed., Ashgate.（北野利信訳『現代組織学説の偉人たち　組織パラダイムの生成と発展の軌跡』有斐閣，2003年）。

Simon, H. A.（1997）*Administrative Behavior, 4th Edition*, Free Press.（桑田耕太郎・西脇暢子・高柳美香・高尾義明・二村敏子訳『新版経営行動―経営組織における意思決定過程の研究―』ダイヤモンド社，2009年）。

伊丹敬之・田中一弘・加藤俊彦・中野誠編著（2007）『松下電器の経営改革』有斐閣。

塩次喜代明・高橋伸夫・小林敏男（2009）『経営管理〔新版〕』有斐閣。

下谷政弘（1998）『松下グループの歴史と構造―分権・統合の変遷史―』有斐閣。

松下幸之助（1978）『実践経営哲学』PHP研究所。

吉沢正広編著（2013）『歴史に学ぶ経営学』学文社。

第10章
カネのマネジメント

> **要 旨**
>
> 企業が倒産しないようにするためには，現金が手元にどれくらいあるかを把握するキャッシュフロー管理が重要である。現金保有額が少ない場合，企業の「安全性」が低下するため，得られた利益を企業内部に留保しておくことが求められる。しかし，近年の企業の現金・預金額をみると，2016年度における金融・保険業以外の全企業の額は210兆9,590億円，自己資本比率も2016年度には40.6％となり，過去最高の数字を記録している。たとえば任天堂株式会社は，負債による資金調達を行わず，無借金経営を行っていることで有名な会社である。一方で，近年日本企業の株式を多数所有している機関投資家は，企業に株主利益を上げることを求める。現在の日本企業の株式所有構造は，外国人機関投資家が最も高い割合を占めており，その比率は2016年度で29.8％である。次いで国内機関投資家の持株比率も23.5％と高くなっている。これら機関投資家が向上を求めるひとつがROEであり，このROEを向上させるためには，利益を上昇させること，自社株買いを実施することの他，内部留保額を減らして配当を増やすことや負債による資金調達を行うこともあげられる。企業の財務戦略は，自社の安全性，収益性，成長性等を総合的に判断して決定される。

第1節　キャッシュフロー管理の重要性

　黒字倒産とは，損益計算書で当期純利益が計上されているが，倒産してしまう状態を指す。ではなぜ利益が計上されているのに倒産という事態が発生するのか。「倒産」とは，東京商工リサーチの定義では，「企業が債務の支払不能に陥ったり，経済活動を続けることが困難になった状態を指す[1]」としている。損益計算書上での利益とは，売上高等の利益から売上原価や販売費及び一般管理費（販管費），法人税等の費用を差し引いて求められる。売上高のうち売掛金は，実際はまだ現金が入ってきていないものであり，相手先の状態によっては入金されない可能性，つまり貸し倒れが発生する場合もある。また，販管費で計上した減価償却費は，実際は現金の動きはない。このように，損益計算書の利益額と会社が保有することとなる現金の額は一致しない。

　たとえば，×1年4月1日から×2年3月31日までが会計期間である会社を想定する。さまざまな条件を省略し非常に簡略化して説明すると，図表10-1のようになる。期末の時期（×2年3月30日）に売掛金として売上300（売上原価は100，現金で支払い）が計上される。×1年度の会計期間の終了後，貸借対照表や損益計算書が作成される。当該期の損益計算書は，売上高300，その商品を

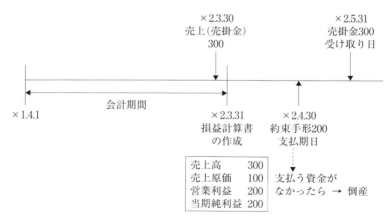

図10-1　利益額と保有現金額の相違（簡略図）

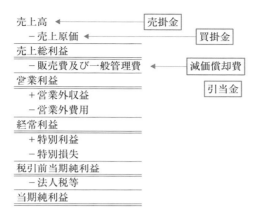

図10-2　損益計算書とキャッシュの調整項目

仕入れるのにかかった費用100を差し引いた200が利益となる[2]。翌期の×2年4月30日に約束手形200の支払期日が到来し，この会社は相手先に200を支払わなければならない。同社に保有している現金が1円もなかったとしても，×2年3月30日に受け取った売上300から費用100を差し引いた200をここに充てれば支払が可能に見える。しかし，この売上300は売掛金であり，現金として受け取れるのが×2年5月31日で，4月30日時点では同社に入金されていないため，この時点で支払う現金を持ち合わせていないこととなる。このように損益計算書上では当期純利益200が計上されているにもかかわらず，債務の返済ができない事態を引き起こさないようにするためには，現金が手元にいくらあるかを把握する必要がある。これが「キャッシュフロー管理（cash flow management）」である。

　キャッシュフローとは，企業の営業活動や設備投資，資金調達などで生じる現金の収入と支出をいう。キャッシュフロー計算書は，損益計算書の税引前利益から現金が出て行っていない項目（買掛金，減価償却費，引当金など）を足し戻し，現金が入っていない項目（売掛金，棚卸資産など）を減算して調整を行った「営業活動によるキャッシュフロー」，固定資産や投資有価証券の取得（あるいは売却）といった投資活動によってどれくらい現金が増減したかを示す

「投資活動によるキャッシュフロー」，借入金や株式等によって調達（あるいは返済）した資金の増減を示す「財務活動によるキャッシュフロー」によって構成されている。企業は，利益だけでなくキャッシュフローの管理が非常に重要である。

第2節　現在の大企業の現預金保有額と自己資本比率

前節で示したように，現金保有額が少ない場合，企業の「安全性」が低下する。近年の企業の現金・預金額をみると，2016年度における金融・保険業以外の全企業の額は210兆9,590億円に達しており，過去最高を更新している。自己資本比率をみても，バブル崩壊以前までは20％弱を推移していたものが2016年度には40.6％となり，こちらの数字も過去最高を記録している。自己資本比率は，株主資本などの純資産を総資本で除して求められ（自己資本比率（％）＝純

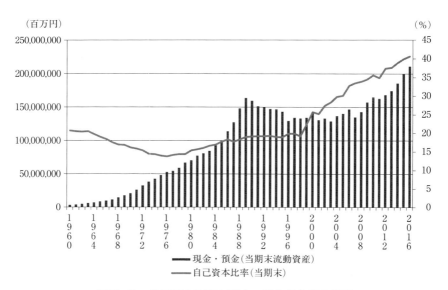

図10-3　自己資本比率と現金・預金保有額の推移

（出所）　総務省統計局「法人企業統計」をもとに作成。

資産／総資本×100），企業が株式によって資金調達を行った割合がわかる。この比率が高ければ，返済の必要がない株式での資金が多く，逆に低ければ一定期間後に返済の必要がある負債での資金調達が多いということになる。

具体的に例をあげると，総資本が100の会社で，株式による資金調達が90，借入金による資金調達が10の会社の場合，株式は純資産の部，借入金は負債の部に分類されるので，90／100の結果に100をかけて90％となり，株式による調達が10，借入金による調達が90の会社は，同様に計算すると10％となる。実際には，株式による資金調達は資本コストを考慮しなければならないため，株式による資金調達は「返済の必要がない」という表現は若干の誤解を与える可能性があるが，企業の安全性を高める点を重視すると，負債での資金調達よりも株式による資金調達の方が好ましい。

第3節　任天堂株式会社の事例から見る無借金経営の是非

任天堂株式会社は，かるた・トランプ類の製造・販売会社として1947年に京都市に設立された会社である。直近である2016年度の業績は，家庭用据置き型テレビゲーム機「Nintendo Switch」と同時発売の『ゼルダの伝説ブレスオブザワイルド』や，ニンテンドー3DSの『ポケットモンスターサン・ムーン』，『スーパーマリオメーカー for ニンテンドー3DS』，『星のカービィロボボプラネット』等の販売が好調であったことが貢献し，2017年3月時点の連結での当期純利益（親会社株主に帰属する当期純利益）は1,025億円を計上している[3]。同社の特徴は貸借対照表に見ることができる。借方に記載されている流動資産が1兆1,407億円である一方，貸方の負債の部をみると，流動負債の内訳が，支払手形及び買掛金が1,041億円，未払法人税等112億円，賞与引当金23億円，その他663億円で合計1,841億円，固定負債の内訳が退職給付に係る負債が192億円，その他146億円で合計338億円，負債合計が2,180億円である。同社は借入や社債での資金調達を行わない無借金経営であり，流動資産／流動負債×100で算出される流動比率は619.60％，自己資本比率は85.15％と2016年度の全社

表10-1　任天堂株式会社の（連結）貸借対照表（2016年度）

(単位：百万円)

資産の部		負債の部	
流動資産		流動負債	
現金及び預金	662,763	支払手形及び買掛金	104,181
受取手形及び売掛金	106,054	未払法人税等	11,267
有価証券	283,307	賞与引当金	2,341
たな卸資産	39,129	その他	66,319
繰延税金資産	332	流動負債合計	184,109
その他	49,535	固定負債	
貸倒引当金	△379	退職給付に係る負債	19,245
流動資産合計	1,140,742	その他	14,650
固定資産		固定負債合計	33,895
有形固定資産		負債合計	218,005
建物及び構築物(純額)	38,707		
機械装置及び運搬具(純額)	1,400		
工具，器具及び備品(純額)	4,313		
土地	42,133		
建設仮勘定	3		
有形固定資産合計	86,558	**純資産の部**	
無形固定資産		株主資本	
ソフトウエア	9,942	資本金	10,065
その他	2,882	資本剰余金	13,256
無形固定資産合計	12,824	利益剰余金	1,489,518
投資その他の資産		自己株式	△250,601
投資有価証券	157,963	株主資本合計	1,262,239
繰延税金資産	49,453	その他の包括利益累計額	
退職給付に係る資産	7,680	その他の有価証券評価差額金	18,913
その他	13,753	為替換算調整勘定	△30,312
貸倒引当金	△0	その他の包括利益累計額合計	△11,399
投資その他の資産合計	228,851	非支配株主持分	132
固定資産合計	328,235	純資産合計	1,250,972
資産合計	1,468,978	負債純資産合計	1,468,978

（出所）　任天堂株式会社『第77期 有価証券報告書』。

平均40.6％と比較しても極めて高い数字である。任天堂の利益は，ゲーム機やソフトがヒットするかどうかに大きく依存しているため，多額の現金を保有し不確実性の高い経営の安定化を図っている。

　任天堂のような無借金経営は，倒産の可能性を減少させる，安全性の側面を重視した経営である。しかし，無借金経営が必ずしも望まれるということではない。これには，株主の視点で考える必要がある。上場企業は得られた利益（当期純利益）を原資に，翌期に繰り越す内部留保額（繰越利益剰余金）と株主への配当金の割合を決定させる。内部留保を多く積み立てることで安全性が高まるが，株主への配当額は相対的に減少する。内部留保を事業や設備投資に充当させるのであれば，さらに利益を生む可能性が高まり，長期的にみれば株主への配当が増加することが期待できる。しかし，現金として保有する場合，運用しない限りそれだけでは利益を生まないものであるため，株主としては利益を期待できない。もし再投資で利益をさらに上昇させられないのであれば，当期に得られた利益は配当として株主に還元することが求められる。

　現在の日本企業の株式所有構造は，外国人機関投資家が最も高い割合を占めており，その比率は2016年度で30.1％である。次いで国内機関投資家の持株比率も23.5％と高くなっている（図10-4参照）。国内機関投資家の中でもとくに存在感を増しているのが，公的年金基金のGPIF（Government Pension Investment Fund：年金積立金管理運用独立行政法人）である。GPIFの2017年3月末時点での国内株式保有状況は，2,207銘柄，時価総額合計34兆9,956億円である。これら機関投資家は，受託資金を確実に運用して利益を上げなければならず，投資先企業に株主利益を上げるように求める。どのようにして機関投資家は株主利益を求めるのか，それは議決権行使と対話である。株主が株式を購入することで得られる権利は3つ，残余財産分配請求権，配当請求権，議決権である。このうち，会社の重要事項を決定する株主総会において議案の賛否を投票できる権利である議決権を行使し，会社に影響力を与える。あるいは機関投資家は多数の株式を所有しているため，その保有比率を背景に直接投資先企業との対話も実施している。投資先企業との目的を持った対話や投資先企業の持続的成

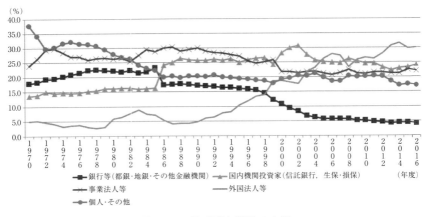

図10-4　株式所有構造の変遷

（出所）　東京証券取引所「2016年度株式分布状況調査の調査結果について」

長に資する議決権行使を行うように求めるスチュワードシップ・コード（stewardship code）を多くの機関投資家が受け入れを表明しているため、これらの活動を行っている側面もある。このような機関投資家に多数の株式を保有されている企業は、株主の利益に反して安全性を重視しすぎる経営を行うと、直接対話で是正を求められたり、株主総会において取締役の再任案件に反対票を入れられたりする可能性がある。企業経営においては、安全性と成長性のバランスを考えていかなければならない。

第4節　機関投資家が求めるROE向上策

対話や議決権行使を通じて企業に積極的に働きかける機関投資家が、投資リターンを確実に上げられているかを測る代表的指標としてROEがあげられる。ROE（Return on Equity）は当期純利益／株主資本×100で求められ、株主資本を用いて有効に当期純利益を上げられているかを示すものである[4]。経済産業省が実施した「持続的成長への競争力とインセンティブ～企業と投資家の望ましい関係構築～」プロジェクトの最終報告書、通称「伊藤レポート」では、日

本企業のROEを8％以上まで求める点が指摘されており、また、議決権行使助言会社であるISS（Institutional Shareholder Services）は過去5年平均ROEが5％を下回る企業の取締役再任案件に反対票を投じるよう、投資家に推奨している[5]。

　では、どのようにすればROEを上昇させることができるのか。ROEの計算式から考えると、分子である当期純利益を増加させるか、分母である株主資本を減少させればよい。当期純利益を増加させるには、売上を増加させるか費用を減少させることが求められる。売上の上昇が簡単に見込めない現代では、仕入原価の削減を試みたり、従業員の給料や広告宣伝費といった販管費を削減したりして利益の獲得を目指す。一方、分母の株主資本を減少させるにはどのような方法があるのか。具体的には、市場に出回っている株式を買い戻す「自社株買い（stock buyback）」を実施すること、あるいは配当額を増やすことがあげられる。配当金は当期純利益から減らされるもので、その配当を差し引いた残額が内部留保（利益剰余金）となる。企業が利益を上げて内部留保額を増加させるということに利益剰余金の上昇となり、それは株主資本の増加へとつながる。内部留保を再投資に充当させ、さらに利益を上げることがなければ、ROEの分母のみを上昇させることとなり、ROEの低下につながる。

　また、負債による資金調達を増加させることで、ROEを向上させることも可能となる。ROEをデュポン方式によって分解すると、売上高当期純利益率（当期純利益／売上高）×総資本回転率（売上高／総資本）×財務レバレッジ（総資本／株主資本）となる。負債による資金調達は、相対的に財務レバレッジの分子を上昇させるため、利益の上昇なしにROEの上昇を期待できる。ROEを考慮すると、無借金経営よりも適度に負債による調達を行うことも選択肢のひとつに入る。企業の財務戦略は、安全性、成長性、ROEといったさまざまな要因によって決定される。

【注】

1）東京商工リサーチホームページ，http://www.tsr-net.co.jp/guide/knowledge/glossary/ta_14.html（2017年9月16日アクセス）。
2）前述の通り，実際には従業員への給料や減価償却費といった「販売費及び一般管理費」，営業外損益，特別損益，法人税等の支払いによって利益額は増減する。
3）任天堂株式会社『第77期 有価証券報告書』10頁。
4）分子である当期純利益には，場合によって営業利益等が用いられる場合もある。
5）「ISS議決権行使助言方針（ポリシー）改定の正式決定について」https://www.issgovernance.com/file/policy/iss-policy-update-announcement_japanese.pdf（2017年9月4日アクセス）。

【参考文献】

小松章（2009）『経営分析・企業評価』中央経済社。
榊原茂樹・岡田克彦（2012）『1からのファイナンス』碩学舎。
坂本恒夫・鳥居陽介編（2015）『テキスト財務管理論（第5版）』中央経済社。
鳥居陽介（2017）『株式所有構造の変遷と経営財務』中央経済社。
若杉敬明（2004）『入門ファイナンス』中央経済社。
リチャード・ブリーリー，スチュワート・マイヤーズ，フランクリン・アレン，藤井眞理子・國枝繁樹監訳（2014）『コーポレート・ファイナンス（第10版）上・下』日経BP社。

第11章
モノづくりのマネジメント
―管理会計の必要性―

> **要 旨**
>
> 　財務会計は，開示義務がある財務諸表を作成するために行われるものであり，それら財務諸表は投資家のために作られるものである。一方，管理会計は，会社自身のために行われるもので，自社の経営状態を把握することを目的としている。損益計算書とは異なる費用の分類によって，自社の利益を上げるためにはどうすれば良いかを考えるものである。
>
> 　損益分岐点（break-even point）とは，収益と費用が等しくなる点であり，利益がゼロとなる売上高水準である。費用には，従業員への給料，家賃など売上高に関係なくかかる費用である「固定費（fixed cost）」と，材料費など売上高に比例してかかる費用である「変動費（variable cost）」に分類される。この分類によって，自社がどれだけ利益を上げているのか，どうすればさらに利益を上げていくことが可能なのかを考えていく必要がある。
>
> 　さらに利益を上げていくためには，新規に投資活動を行うことが求められるが，その際には，貨幣には時間価値があることを認識しなければならない。投資の決定は，「将来得られるキャッシュ＞投資に必要なキャッシュ」である場合に決定されるが，比較可能にするためには「現在価値」という考え方が必要である。実際の投資の決定の際には，これに加えて減価償却費や節税効果等を総合的に考慮して判断される。

第1節　損益分岐点による利益管理

　モノづくりを行う際には，それが利益を上げられるものかを判断しなければならない。一般的に公開されている財務諸表は，貸借対照表，損益計算書，キャッシュフロー計算書であり，これらは財務会計の領域で，投資家が企業の状況を正しく判断するために作成される。一方，管理会計は，会社自身のために行われ，自社の経営状況を判断することを目的としており，モノづくりを行う前提として必要な会計知識である。管理会計では，損益計算書とは異なる費用の分類によって，自社の利益を上げるためにはどうすれば良いかを検討する。

　利益を上げられるかを判断する時に有益なのが，損益分岐点分析である。損益分岐点（break-even point）とは，収益と費用が等しくなる点であり，利益がゼロとなる売上高水準である。費用には，従業員への給料，家賃など売上に関係なくかかる費用である「固定費（fixed cost）」と，材料費など売上に比例してかかる費用である「変動費（variable cost）」に分類される。図表11-1は財務会計と管理会計の費用の計上方法の違いであり，管理会計では費用を固定費と変動費に分類して，自社の利益獲得能力を判断する。

　損益分岐点売上高は，固定費と変動費の線と売上高の線が交差する点の売上高であり，その計算式は，下記のとおりである。

　損益分岐点売上高＝固定費／（1－変動費率）

　「変動費率」は，変動費／売上高×100で求められ，売上高に占める変動費の

（損益計算書）	（管理会計）
売上高	売上高
－売上原価	－変動費
売上総利益	貢献利益
－販管費	－固定費
営業利益	営業利益

図11-1　財務会計と管理会計の費用の違い

割合を示す。損益分岐点売上高は，固定費と変動費をちょうど回収する売上高を表し，売上高 −（固定費 + 変動費）= 0 となる点である。式にすると，

　① 売上高 − 変動費 − 固定費 = 営業利益

であり，変換すると，

　② 売上高 = 変動費 + 固定費 + 営業利益

となる。この売上高が 0 となるのが損益分岐点売上高であるので，

　③ 損益分岐点売上高(S) = 変動費(V) + 固定費(F) + 営業利益 0
　④ 損益分岐点売上高(S) = 変動費(V) + 固定費(F)

と変換できる。変動費／売上高で計算できる変動費率を変換すると，変動費 = 変動費率×売上高となり，

　⑤ 損益分岐点売上高(S) = (変動費率(V_1)×売上高(S)) + 固定費(F)

となる。この式を変換していくと，

　⑥ 損益分岐点売上高(S) − (変動費率(V_1)×売上高(S)) = 固定費(F)
　⑦ 損益分岐点売上高(S)(1 − 変動費率(V_1)) = 固定費(F)
　⑧ 損益分岐点売上高(S) = 固定費(F)／(1 − 変動費率(V_1))

となり，前述の損益分岐点売上高の式と一致する。

貢献利益（contribution margin）とは，限界利益とも呼ばれ，売上高から変

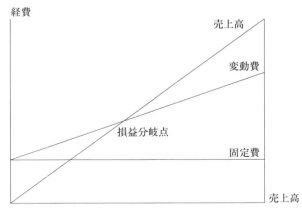

図11-2　損益分岐点図表

動費を差し引いて求められる，固定費の回収に充てられる利益である。

貢献（限界）利益率は，

= 1 − 変動費率

= 1 − 変動費／売上高

= 貢献（限界）利益／売上高

で求められるものである。貢献（限界）利益（率）が高いということは，売上高に占める変動費の割合が低い，貢献（限界）利益（率）が低いということは，売上高に占める変動費の割合が高いということになる。販売数量が増えれば利益も増えやすいのは，貢献（限界）利益率が高い商品である。具体的な数字に当てはめると，売上高が同じ100であったとして，商品Aは変動費90，商品Bは変動費10である場合，商品Aの貢献利益は10，貢献利益率は10%，商品Bの貢献利益は90，貢献利益率は90%となる（表11-1）。貢献利益が90の商品の方が，固定費の支払いに充てられる利益が多く，最終的に利益が上がりやすい。

損益分岐点比率とは，損益分岐点売上高／実際の売上高×100（%）で求められ，実際の売上高がどれくらい損益分岐点売上高を上回っているかをはかる指標であり，低い方が「売上が下がっても利益が確保できる体質である」ことを示す。利益を上げるためには，①売上を上げる，②損益分岐点を下げる，のいずれかが考えられるが，損益分岐点を下げるためには，②-1 変動費を下げる（材料のコストダウン等）か，②-2 固定費を下げる（リストラによる人員削減，電気代等経費節減等）かによって実現できる。

表11-1　貢献利益と貢献利益率

	商品A	商品B
売上高	100	100
変動費	90	10
貢献利益	10	90
貢献利益率	10%	90%

第2節　現在価値の概念

　今100万円をもらうのと，1年後に100万円をもらうのは，どちらが良いか。すぐに使う予定がなければ1年後でも構わないと考えることもできるが，貨幣の時間価値を考慮すると，今すぐに100万円をもらった方が良い。なぜなら，今すぐにもらって運用すれば，1年後には100万円以上の利益が上げられる可能性があるからである。

　預金による利息を考えてみると，これは明らかであろう。たとえば利息2％（0.02）の場合，100万円の1年後，2年後の利息を含めた金額はいくらになるか。100万円＋（100万円×2％）＝102万円である。2年後はどうか。102万円＋（100万円×2％）＝104万円，ではなく，102万円＋（102万円×2％）＝104万400円である。単利ではなく複利で計算されるため，単利の時よりも多くの利益を獲得することができる。公式化すると，以下のようになる。

　$F_1 = A + A \times r = A(1+r)$
　$F_2 = \{A(1+r)\} + \{A(1+r)\}r = A(1+r)^2$
　$F_t = A(1+r)^t$
　（A＝元金，r＝利息）

　当然のことながら，預金の期間が長くなれば，収入（金利）も増える。

　では，1年後の100万円は現在のいくらに相当するか。利息2％（0.02）の場合，利息分は100万円×2％で2万円となり，利息分を引いた額は100万円－2万円で約98万円が，現在の価値になる。これが「現在価値」の概念である。例えば銀行から借り入れを行う場合，将来のキャッシュフローを前提に融資が行われるので，借入金額x万円，金利rとし，1年後の返済額を100万円と仮定すると，

　① 1年後の返済額 ＝ x＋x×r ＝ x(1+r)
　② これ（①）が100万円に等しくなればよいので，
　$x(1+r) = 100$
　$x = 100／(1+r)$

③ t年後であれば，

$x(1+r)^t = 100$

④ 従って，t年後に100万円を返済の予定で借り入れを行う場合，現在使用できる（借りられる）額は，

$x = 100 / (1+r)^t$

となる。もちろん，本事例では5年後の金額を100万円と仮定したので分子が100となっているが，公式化するならばA等に置き換える必要がある。前述の事例で，利息2％（0.02）の場合，5年後の100万円を担保に銀行からいくら借りられるかをこの式で計算すると，

$x = 100 / (1+r)^t$

$x = 100 / (1+0.02)^5$

$\quad = 90.573080$

となる。将来のキャッシュフローを現在使おうとすれば，使用できる額は少なくなるのである。

第3節　投資の意思決定

　前節で説明したように，将来得られるキャッシュフローを考慮する場合，現在価値に置き換えて考える必要がある。これは投資案件を評価する際にも用いられる。投資を行うかは，「将来得られるキャッシュ＞投資に必要なキャッシュ」となる場合に行われる。

　具体的事例をもとに検討してみよう。毎年一定金額の入金が見込まれる場合（表11-2），現在価値や法人税等を考慮しなかったとしても，税引前利益と，実際は現金の支出がない減価償却費を足し合わせたキャッシュの流入量が多い①を採用するのが妥当である。しかし，見込める利益が一定ではない場合はどう考えるべきか。

表11-2 キャッシュをもとにした利益の算出

①	投資時	1年目	2年目	3年目	4年目	5年目	累計
税引前利益		25	25	25	25	25	125
減価償却費		20	20	20	20	20	100
キャシュフロー		45	45	45	45	45	225
投資	△100						△100
キャシュフロー(純額)	△100	45	45	45	45	45	125

②	投資時	1年目	2年目	3年目	4年目	5年目	累計
税引前利益		15	15	15	15	15	75
減価償却費		20	20	20	20	20	100
キャシュフロー		35	35	35	35	35	175
投資	△100						△100
キャシュフロー(純額)	△100	35	35	35	35	35	75

(注) 現在価値，法人税等は考慮していない。

表11-3 見込める利益が一定ではない場合

③	投資時	1年目	2年目	3年目	4年目	5年目	累計
税引前利益		5	5	5	5	40	60
減価償却費		20	20	20	20	20	100
キャシュフロー		25	25	25	25	60	160
投資	△100						△100
キャシュフロー(純額)	△100	25	25	25	25	60	60

④	投資時	1年目	2年目	3年目	4年目	5年目	累計
税引前利益		30	5	5	5	5	50
減価償却費		20	20	20	20	20	100
キャシュフロー		50	25	25	25	25	150
投資	△100						△100
キャシュフロー(純額)	△100	50	25	25	25	25	50

(注) 現在価値，法人税等は考慮していない。

表11-3は見込める利益が一定ではない場合を想定したものである。この場合，キャッシュフロー（純額）が大きい③を採用すべきだろうか。ここで現在価値の考え方による再検討が必要である。前述の通り，投資案件は，「将来得られるキャッシュ＞投資に必要なキャッシュ」の際に行われる。将来のキャッシュと現在のキャッシュを比較可能にするため，将来キャッシュを割り引いて算出しなければならない。割引率をどうするかは，投資資金の原資にかかる資本コストを用いるのが一般的である。

表11-4が，見込める利益が一定ではない場合の現在価値を考慮した計算結果である。考慮しなかった表11-3では得られるキャッシュフローが③の方が多かったが，現在価値を考慮したキャッシュフローの額は，④の方が多くなっている（③が17であるのに対し，④は18となる）。異なる時点でのキャッシュを

表11-4　現在価値の考え方による投資判断

③	投資時	1年目	2年目	3年目	4年目	5年目	累計
税引前利益		5	5	5	5	40	60
減価償却費		20	20	20	20	20	100
キャッシュフロー		25	25	25	25	60	160
投資	△100						△100
キャッシュフロー(純額)	△100	25	25	25	25	60	60
現在価値	△100	23	21	19	17	37	17

④	投資時	1年目	2年目	3年目	4年目	5年目	累計
税引前利益		30	5	5	5	5	50
減価償却費		20	20	20	20	20	100
キャッシュフロー		50	25	25	25	25	150
投資	△100						△100
キャッシュフロー(純額)	△100	50	25	25	25	25	50
現在価値	△100	45	21	19	17	16	18

（注）　割引率10％で計算（四捨五入），法人税等は考慮していない。

比較可能にするためには，現在価値で割り引く必要がある。なお，実際は節税効果も考慮されるため，利益額は多少異なる。

　このように，貨幣には時間価値があることを認識しなければならない。繰り返し述べているように，投資の決定は，「将来得られるキャッシュ＞投資に必要なキャッシュ」の場合に決定されるが，比較可能にするためには「現在価値」という考え方が必要である。ただし，実際の投資の決定の際には，この考え方に加え，減価償却費や節税効果等を総合的に考慮して判断される。

【参考文献】
田中靖浩（2004）『儲けるための会計』日本経済新聞出版社。
榊原茂樹・岡田克彦（2012）『1からのファイナンス』中央経済社。
坂本恒夫・現代財務管理論研究会（2015）『テキスト財務管理論（第5版）』中央経済社。
新日本有限責任監査法人（2013）『キャッシュ・フロー計算書のしくみ』中央経済社。
若杉敬明（2011）『（新版）入門ファイナンス』中央経済社。

第12章
戦略のマネジメント
―競争を勝ち抜く戦略―

> **要　旨**
>
> 　競争を勝ち抜く戦略とはどのようなものか。言い換えれば，企業間での競争に打ち勝つにはどうしたらよいか。ライバルに勝つための戦略とは，ライバルとの関係とはどのようなものか。そして，いかにして戦略を策定し，実現していくのか。以上が本章の問題意識である。
> 　はじめに，「戦略」という目に見えない概念について，企業事例をもとに経営理念やビジョンなどと比較することを通し，その構造を理解する。そして，戦略策定のために，自社を取り巻く環境をどのように認識するのか。そのための分析フレームワークをもとに，内部環境分析と外部環境分析として整理していく。その後，マイケル・ポーターの理論に依拠し，3つの基本戦略や業界におけるポジショニングという側面を理解し，自動車業界をケースに考察を深める。

第1節　戦略とは何か

　そもそも「戦略（strategy）」とは，軍事用語である。敵対する国家と国家が，「いかにして戦いに勝つか」を考え，どのように攻撃し敵国を打ち負かすのかという具体的な「戦術（tactics）」がとられる。たとえば，スポーツ中継の解説の際にも，戦略や戦術といった言葉が違和感なく使われることを考えると，一般的な言葉として普及しているといってよいだろう。戦争のメタファー（隠喩）であることに批判的見方もあるものの，これらを企業経営の分野にまで範囲を拡大して実践されてきたのが「企業戦略（corporate strategy）」であり，それらの研究として進んできたのが「経営戦略論」である。

　このような「経営戦略論」は「10の学派（10 school）」（Mintzberg et al. 1998=2012）に分類されるほど，その研究内容は豊富であり，「戦略」の定義ひとつをとっても多様である[1]。例えば，「組織は戦略に従う」という命題で有名なアルフレッド・チャンドラーは，戦略と組織との関係を論じた古典的著作の中で，「長期の基本目標を定めたうえで，その目標を実現するために行動を起こしたり，経営資源を配分したりすること」が戦略であり，企業の戦略マネジメントを，当時の大企業の事例を分析することで明らかにした（Chandler 1962=2004）。ここでは，目標として定められたものと，そのための行動が戦略といえよう。

　また，ホファーとシェンデルによれば，「全社戦略（corporate strategy）→事業戦略（business strategy）→機能分野別戦略（functional strategy）」という全体から部分へと戦略を説明することができる（Hofer and Schendel 1978=1981）。すなわち，「全社的に企業として実施する複数事業の中長期的な戦略→各事業の運営を成功させるために必要となる事業別の戦略→各事業を構成する機能（職能）分野別の戦略」という組織と同様の階層構造である。

　本章では，現代の経営戦略における論点のひとつである「競争戦略」を中心に，日本企業のケースをもとに論じていく。競争戦略とは，各事業での競争のための戦略，すなわち事業戦略と同義である。以下では，「企業間での競争に

打ち勝つにはどうしたらよいか」という「戦略のマネジメント」について明らかにしていくための前提として，そもそもどのように戦略を立てるのか，「戦略策定（strategy formulation）」という観点から検討することからはじめる。

第2節　戦略策定のための事業環境の分析

2-1　戦略の階層—ビジョン・経営理念と戦略

　マネジメントの基礎的な考え方のひとつに「PDCAサイクル」がある。エドワード・デミングによって体系化されたものであり，「Plan（計画）—Do（実施）—Check（検証）—Act（改善）」という一連のサイクルである。このサイクルは，経営実務においてばかりでなく，日常的にも活用されることがある。

　戦略を策定し実行する。実行した戦略の検証を通して新たな戦略を策定する。また，戦略に基づいたさまざまな施策もPDCAを同様に経る。PDCAサイクルに当てはめて考えてみると，以上のようになるだろう。

　ところで，「経営理念」や「ビジョン（vision）」などと呼ばれる戦略と似た用語（概念）がある。それらは「全社戦略→事業戦略→機能分野別戦略」という階層から見るとき，全社戦略のさらに上位にあたるものである。すなわち，戦略とは無関係ではなく，「経営理念」→「戦略」という構造となるわけである。

　パナソニックを例にあげると，2010（平成22）年，創業100周年を迎える2018年のあるべき姿として「創業100周年ビジョン」が表明されている。「エレクトロニクスNo.1の『環境革新企業』」として6つの重点事業なども示した。こうしたビジョンの実現に向けて戦略が策定され，組織形態の選択などにも，それらが現れる。

　パナソニックの経営理念というべきものは，松下電器産業としての創業時の「綱領」まで遡ることができ，現在まで連綿と引き継がれている。2000年頃に「中村改革」といわれた経営改革期においても「経営理念以外は聖域なし」とされていた。2003年以降，デジタル家電が急速に普及し，デジタルカメラ，

DVDレコーダー，薄型テレビがデジタル三種の神器と呼ばれ，こうしたデジタル家電が収益を生むことによって，しばらく「デジタル家電バブル」ともいわれるような状況が続いた。しかし，その後のパナソニックは，「コモディティ化（一般化し差別化困難な状態）」した家電から，自動車や住宅関連事業などを柱とすべく，急激にB2B（Business to Business）へと体制をシフトしていく。企業の活動領域・範囲である「ドメイン（domain）」の再定義を行ったといえる。こうした戦略転換ともいえる経営改革を経てもなお，経営理念は不変であり，また企業としての社会的使命を全うすべく環境適応を図っているわけである。すなわち，外部との関係において，戦略は策定され実行されていくことが基本となる。外部環境の影響なしに戦略は成立するものではないのである。

2-2　ファイブフォースモデル（five forces model）

　それでは，自社を取り巻く環境をどのように認識すれば良いだろうか。将来予測が困難な時代において，「わが社を取り巻く環境は激変し，大変厳しい状況にある」と考える企業人は少なくないとしても，何がどのように激変し厳しい状況にあるのか，誰もが簡潔に説明できるとはいえないだろう。

　その出発点といえることは，「KSF（Key Success Factorの略）」を明確にすることである。KSFとは，成功のための必要条件，主となる成功要因のことである。KSFを明らかにするための外部のマクロ環境を分析する視点として「PEST分析」がある。PはPolitics，EはEconomy，SはSociety，TはTechnologyという「PEST」，すなわち「政治（P）・経済（E）・社会（S）・技術（T）」である。現在あるいは将来にどのような影響があるのか予測・把握するために，4つの視点から分析するのである。

　先に示したパナソニックのようなグローバル企業であれば，国外の政治情勢・経済状況も大いに影響があり，各国の政策，為替動向などが業績の良し悪しにつながる。また，国内だけに目をうつしても，日本社会の人口動態は将来の消費者動向の変化にもつながり，新しい技術の出現・進化は，事業活動に大きな影響がある。たとえば，薄型テレビ事業では，液晶パネルの世界的普及に

より,「プラズマディスプレイ」からの撤退を余儀なくされたことは,今となってはPEST分析からも明らかである。

このような個別企業が置かれるマクロ環境という視点だけではなく,業界の競争構造を把握しようとするのがマイケル・ポーターによる「ファイブフォースモデル」である（Porter 1980）。図12-1の通り「競合業者（industry competitor）」「新規参入業者（potential entrants）」「買い手（buyers）」「売り手（suppliers）」「代替品（substitutes）」の5つの力（forces）を分析することで,業界の特徴,収益性,そしてKSFを見出すための分析のフレームワークとされている。したがって,ファイブフォース分析ともいわれ,5つの競争要因が強ければ強いほど「儲からない」。逆に,それらが弱ければ「儲かる」業界ということができる。それぞれの要点をみていくと,以下の通りである。

(A) 業者間の敵対関係

業界内の競争状態やライバルとのパワーバランスのことをいう。競合が多い,製品が差別化されていない,成長率が低いような場合,この力が強くなり競争が激化する。

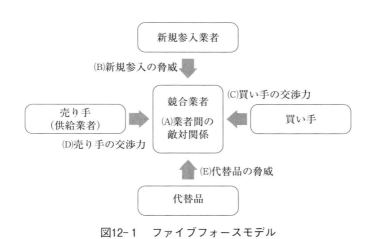

図12-1　ファイブフォースモデル

（出所）　Proter（1980=1982）より作成。

(B) 新規参入の脅威

業界に参入しようとする新たな競合からの脅威のことをいう。参入障壁（規制がある，多額の投資が必要など）が低いと脅威が増大する。

(C) 買い手の交渉力

買い手であるユーザー（顧客）との力関係を指す。買い手が寡占状態，購入量が多い，購入先の切り替えが容易などの場合，買い手の交渉力が高まり，値引きが要求され収益が下がる。

(D) 売り手の交渉力

部品や原料を供給しようとする取引業者との力関係を指す。売り手が寡占業界，売り手の製品・サービスの重要性が高い，購入先を切り替えられないなどの場合，購入価格が高くなる。

(E) 代替品の脅威

自社が提供している製品・サービスの代替への脅威である。コストパフォーマンスが高い商品，異業種参入やイノベーションによる新商品，たとえば，スマートフォンの高画質化したカメラはデジタルカメラの代替となりうる。

2-3　3C分析とSWOT分析

以上のような，KSFが何であるかを外部環境から考える分析に次いで，内部環境にも着目するものとして「3C分析」と「SWOT分析」がある[2]。

はじめに，「3C分析」とは，外部環境である市場と競合の分析から自社の戦略に活かそうとするフレームワークである。「3C」とは，「Customer」「Competitor」「Company」の頭文字，すなわち，市場（顧客）・競合・自社という3つのCである。

市場（顧客）分析としては，その規模や成長性，顧客ニーズなどの変化に着目する。ファイブフォースでいう買い手が含まれる。その市場における競合の分析では，競争状況について把握し，その状況によっては，いかに市場を奪うか・守るかという視点となる。競合の戦略はうまくいっているか，競合のパフォーマンスはどうかなどを分析していく。以上の市場（顧客）と競合と比較

しながら、自社の分析を進めることで、相対的な強み・弱みが抽出できる。自社の企業活動や経営資源について、具体的には売上高、市場シェア、ブランドイメージ、技術力、人的資源などを分析する。以上のように、市場の変化を捉え、顧客や競合との関係を客観的に見ていこうとするのが３Ｃ分析である。

次に、「SWOT分析」とは、３Ｃ分析と同様に、内部環境と外部環境という２つの視点から分析を行うものである。SはStrengths、WはWeaknesses、OはOpportunities、TはThreatsという「SWOT」、すなわち「強み（S）、弱み（W）、機会（O）、脅威（T）」を内部環境のSとW、外部環境のOとTというマトリックスによって整理していく。内部環境と外部環境の分析を統合的に行い、事業機会の導出につなげることができる。この分析で示される内部要因は、３Ｃ分析でいう自社にあたり、外部要因は、市場（顧客）と競合といえる。

市場における機会と脅威に対して、自社の強みを生かし、弱みを克服するにはどうすれば良いのかを考える。ポジティブ面に着目するならば、「強み」と「機会」であり、積極的攻勢に出るべき事業といえるだろう。逆に、ネガティブ面であれば「弱み」と「脅威」の組み合わせになり、撤退すべき事業とわかる。

先に例示したパナソニックでは、その家電販売売上高の２割を占める「パナソニックショップ」がある。主に、街なかに見られる小さな家電店のネットワークといえるものである。「スーパーパナソニックショップ」制度を展開するなどの強化策もとられてきた。大手のヤマダ電機などが家電販売のシェアを大きく占める現状や、Amazonなどネット通販が普及・拡大することを考えると、「街のでんきやさん」は強みなのか弱みなのか。自社において何が強みで何が弱みであるか、あるいは何が機会で何が脅威となるかは、個別企業の置かれた状況や歴史的な状況によって異なるといえるだろう。

第3節　競争を勝ち抜く戦略

3-1　3つの基本戦略

　競争戦略論の基盤となるのは，主として経済学的な産業の競争構造の分析である。これを体系化したのが，先に示した「ファイブフォースモデル」であり，他社に打ち勝つための「三つの基本戦略（three generic strategies）」が提示された（Porter 1980=1982）。他社に対していかに競争優位を築くかという視点から，どこをターゲットにして，何を強みにするかによって分類される。このような点から，ポーター理論はポジショニング学派として知られている。

　3つの基本戦略は，図12-2の通り，「コスト・リーダーシップ」と「差別化」という2つの戦略の有利性として区分し横軸とする。縦軸は，業界全体あるいは特定分野のどちらをターゲットとするかによって区分される。

　コスト・リーダーシップ戦略では，「同じ製品・サービスを提供するのならば，最も低いコストで提供できる」という状況を目指すものであり，幅広いターゲットを狙う業界のトップ企業がこの戦略である場合が多い。

　差別化戦略は，「多少価格は高くても，それ以上に顧客が購入したくなる付

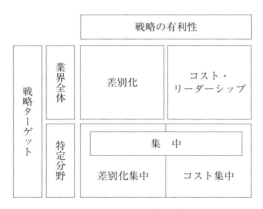

図12-2　3つの基本戦略

（出所）　Proter（1980）より作成。

加価値があるものを提供する」戦略である。文字通り，デザイン，技術，サービスなどの特長，ユニークさによって差別化する。

集中戦略は，地域，顧客，製品など狭くターゲットを絞り，経営資源を集中する。コスト集中と差別化集中に分けられるが，厳密に区別せずに3つの基本戦略として考えられている。

これらの戦略には，たとえば，ある製品に集中したところ急速に代替製品にとってかわられるようなリスクも伴うが，業界環境と自社の経営資源に応じ，3つの戦略のうちのいずれか，場合によっては組み合わせることで競争戦略を策定することになる。

3-2 地位に応じた戦略

3つの基本戦略と同様に，企業の競争上のポジションによって取るべき戦略が異なるとして，「リーダー」「チャレンジャー」「ニッチャー」「フォロワー」というように類型化されている（Kotler and Keller 2006=2008）。類型のそれぞれを順にみていくと，以下の通りである。

「リーダー」は，市場シェア首位の企業であり，文字通り業界をリードする立場にある企業といえる。自社シェアの維持・拡大だけでなく，市場全体を拡大させることが戦略となってくる。全方位戦略ともいわれ，基本戦略であればコスト・リーダーシップ戦略といえるだろう。

「チャレンジャー」は，リーダーに挑戦しトップを狙うポジションにある業界で2，3番手の企業である。シェアを高めることを戦略としつつも，必ずしもすべての企業がリーダーとなることを目標としているわけではない。対リーダーとの直接対決の戦略，リーダーと差別化を図る戦略になる。

「ニッチャー」は，シェアは高くないものの，ニッチ（すきま）市場で独自の地位を獲得しようとする企業である。提供する製品・サービスやターゲットとする顧客，販売チャネルなどを限定するなど，専門化することで収益を高めることを戦略とする。すなわち，製品や市場を特定するような集中戦略である。

「フォロワー」は，チャレンジャーに次ぐポジションであり，競合他社の戦

略を模倣する企業などがあげられる。製品開発コストを抑え，高収益の達成を戦略とするなどである。ニッチャーと比較すると，ユニークさという点に欠けるといえよう。模倣・追随する戦略であり，競争を仕掛けるわけではない。

　このような類型は概念的なものであるため，必ずしも現実の競争状況に当てはまるものではないが，シェア1位であればリーダー，リーダーに対して攻撃的であればチャレンジャー，攻撃的ではないが独自の生存領域をもっていればニッチャー，独自の生存領域をもっていないのであればフォロワー，という具合で分類していくことができる。

第4節　ケース―自動車業界におけるポジショニング

　本節では，以上までの環境分析や戦略の理論をもとに，自動車産業をケースに考察する。はじめに，自動車業界におけるファイブフォース，とくに日本企業・国内市場としガソリン車に限定して考えると，トヨタ自動車をトップに競合は多数あるものの，一から作るには莫大な設備投資が必要であるため新規参入の脅威は非常に小さい。部品サプライヤーは特定メーカーに限定されていることも多く，販売先のスイッチは容易ではない。買い手である顧客には多くの選択肢がある。買い替え時にメーカーを切り替えることは難しくない。ただし，代替品の脅威は大きい。自動車の「所有」から「利用」へと変わり始め，カーシェアの普及が進んでいる。また，燃費・排ガス規制の強化が世界的な潮流となるなか，エコカー生産割合の高まりを考えると，以上の分析で終えるわけにはいかない。

　独立系ベンチャーでアメリカ電気自動車専業メーカー「テスラモーターズ」が台頭しているが，約400万円の「テスラモデル3」は，発表1週間で32万台以上を受注，パナソニックとの共同によるバッテリー工場ギガファクトリーも建設されている。また，自動運転技術は，自動車メーカーとIT・半導体企業の提携が加速しており，業界構造の変動は安定的とはいえないだろう。

　翻って，日本国内の自動車メーカーの国内売上高順位を軸に，ポジションと

その戦略を考察する。トップ企業であるトヨタ自動車をリーダーとすれば，そのチャレンジャー2番手にあたるのが日産自動車である。次いで，ホンダである。それに続くのはスズキやマツダなどのフォロワーあるいはニッチャーということになるだろう。マツダは「魂動デザイン」の絞り込まれた独自の車種ラインナップによって「値引き」販売による中古車市場での価格下落を防ぐなど，新車種発売ごとに話題となってきた。スズキは，小型車に集中した戦略であり，インド市場での成功に目をやれば，単なる3番手以下の企業とはいえないだろう。軽自動車に経営資源を集中しOEMなどにも積極的である。

このような中で，ニッチャーとして成功しているといえるのがスバルである。2016年3月期に北米での販売台数は7期連続で過去最高を更新，2017年から「富士重工業株式会社」から「株式会社SUBARU」へと社名変更し，独自の付加価値戦略・差別化戦略のもとSUBARUブランドを徹底的に磨き持続的な成長を目指している。世界ではポルシェとスバルのみが持つ「水平対向エンジン」により「スバリスト」と呼ばれる特定のコアなファンが古くから存在したものの，株式市場においても注目されない地味なメーカーであった。

近年，高級車メーカーよりも利益率が高くなるなどの高業績が顕著になってきたのは「選択と集中」の結果である。スバルの強みは「安全と愉しさ」という言葉に集約される。「ニッチャーの選択と集中」は，「① 北米市場への選択と集中→車のサイズ拡大→北米での人気，② 北米市場への選択と集中→日本市場に合わない車のサイズ拡大→日本国内の販売低調→アイサイト（運転支援システム）への集中→国内販売の好転」という2つの経路によって説明できる（沼上 2016）。

世界のリーダーを目指すトヨタでは，個別の車種をひとつずつ開発するのではなく，まず中長期のラインナップを決め，複数車種の同時開発を行う「グルーピング開発」を導入するなどの戦略がとられている。トヨタは，以前よりスバルに出資し，マツダやスズキとも提携を行っている。グローバル競争という点を加味すると，各社の提携や合併などを含む業界構造の分析やポジショニングがグローバル戦略として重要となってくるだろう。

第5節 まとめ

　あらためて，本章の冒頭で述べた「戦略とは何か」ということについて振り返りまとめとする。戦略という文字通り「戦いを略する」ことが戦略というのであれば，「競争をすることが戦略」ではなく，むしろ「競争することを略する（避ける）」ことが戦略であるといえよう。その点で，SUBARUのような独自のポジションを確保できることが真に「戦略的」といえる例であろう。もちろん，本章で見てきた通り，競争ある環境の中で，企業が切磋琢磨することで，より良い商品，サービスが生まれて社会も発展する。戦争という破壊活動ではなく，創造的な企業活動につながるのが競争でもある。ただし，その競争に敗れ，再起不能となってしまっては元も子もなくなる。その点で，まったく新しい市場を生み出すなどの「イノベーション（innovation）」など，競争戦略以前の企業戦略のあり方にも依存する。さらに経営理念のような上位概念を考えると，そもそも自社が社会に対してどのような価値を創出できるのか，といった企業自体の存在価値，企業としてどれだけの独自性を発揮し得ているのかなどを考え直す必要も出てくるだろう。

【注】
1）10の学派とは，① デザイン・スクール，② プランニング・スクール，③ ポジショニング・スクール，④ アントレプレナー・スクール，⑤ コグニティブ・スクール，⑥ ラーニング・スクール，⑦ パワー・スクール，⑧ カルチャー・スクール，⑨ エンバイロメント・スクール，⑩ コンフィギュレーション・スクールである。近年は，監訳者からのメッセージでも指摘されている通り，④「起業家精神」，⑥「創発的戦略と組織学習」，⑦「影響力の行使」といった側面を重視する各スクールの考え方が重要性を増している。
2）他にも多くの分析フレームワークは存在する。例えば，内部環境分析については，バリューチェーン分析，BRIO分析が有名であり，競争優位のための経営資源，能力を分析するものである。

【参考文献】

Chandler. A. D. Jr. (1962) *Strategy and Structure in the Industrial Enterprise*, The MIT Press.（有賀裕子訳『組織は戦略に従う』ダイヤモンド社, 2004年）。

Hofer, C. W. and Schendel, D. (1978) *Strategy Formulation*, West Publishing Company.（奥村昭博・榊原清則・野中郁次郎訳『戦略策定―その理論と手法―』千倉書房, 1981年）。

Kotler, Phillip and Kevin Lane Keller (2006) *Marketing Management* (12th ed.), Upper Saddle River, N J.; Pearson Prentice Hall.（恩蔵直人監修, 月谷真紀訳『コトラー&ケラーのマーケティング・マネジメント（第12版）』ピアソンエデュケーション, 2008年）。

Mintzberg, Henry, Ahlstrnd, Bruce, Lampel, Joseph (1998) *Strategy Safari: A Guided Tour Throgh The Wilds of Strategic Management*, Henry Mintzberg, Ltd.（齋藤嘉則監訳『戦略サファリ第2版―戦略マネジメント・コンプリート・ガイドブック―』東洋経済新報社, 2012年）。

Mintzberg, H. (1989) *Mintzberg on Management*, The Free Press.（北野利信訳『人間感覚のマネジメント―行き過ぎた合理主義への抗議―』ダイヤモンド社, 1991年）。

Porter, Michel E. (1980) *COMPETITIVE STRATEGY*, The Free Press, A Division of Macmillan Publishing Co., Inc.（土岐坤・中辻萬治・服部照夫訳『競争の戦略』ダイヤモンド社, 1982年）。

網倉久永・新宅純二郎（2011）『経営戦略入門』日本経済新聞出版社。

沼上幹（2008）『わかりやすいマーケティング戦略〔新版〕』有斐閣。

沼上幹（2016）『ゼロからの経営戦略』ミネルヴァ書房。

吉沢正広編著（2015）『やさしく学ぶ経営学』学文社。

第13章
マーケティングのマネジメント
―統合的なマーケティング活動の実現―

> **要　旨**
>
> 　経済学にマクロ経済学とミクロ経済学があるように，マーケティング論においてもマクロとミクロに分けることができる[1]。マーケティング（Marketing）のマクロ的理解（マクロ・マーケティングの概念）は，商品が生産者から消費者まで社会的に移転していく現象としてのマーケティングの概念である。つまり，生産者から消費者への商品の社会的流通という現象それ自体を，現実に存在する，集計化されたものとして考えるマーケティングの概念である。他方，もうひとつのマーケティングのミクロ的理解（ミクロ・マーケティングの概念）は，個別主体による対市場活動（売買活動とりわけ販売活動）としてのマーケティング概念である。
>
> 　ところで，これら2つの「マーケティング」の概念は，研究対象として区別されるが，決して何の関係もなく別々に存在するものではない。すなわち，マクロ・マーケティング論の研究対象である生産者から消費者への商品の社会的流通という現象は，個々の個別主体の対市場活動が社会的に統合される結果，集計化された現象として現れるのであるため，その関係は後者のミクロが原因であり，前者のマクロは結果という関係に立つことになる。
>
> 　以上のように，マーケティング論の研究対象の差異によって，マクロ・マーケティングの研究対象は，以前は「市場論」，「配給論」などの名称の下に研究されてきたが，今日では「社会経済的マーケティング論」あるいは「流通論」という名称の下に研究されている。これに対し，ミクロ・

マーケティングの研究対象は，以前は「経営学的販売管理」，「マーケティング経営論」と呼ばれてきたが，今日では「企業的マーケティング論」，「個別経済的マーケティング論」，「マネジリアル・マーケティング論」，「マーケティング・マネジメント論」など，さまざまな名称の下に研究されている。そして，今日一般的に「マーケティング論」といえば，このミクロ・マーケティング論のことを意味している。したがって，本章において「マーケティング」という場合，ミクロ・マーケティング論の研究対象としてのマーケティングの概念を意味する。

マーケティングとは，企業による市場への接近法であり，製品やサービスを売り込む技術ではなく，顧客ニーズを見極めてそれに応えることである。マーケティングが目指すものは，顧客を理解し，製品とサービスを顧客に合わせ，おのずから売れるようにすることである。

本章では，マーケティングのマネジメント（管理）に注目する。マーケティング・マネジメントとは，マーケティング諸活動・諸手段の統合的管理を意味する。本章では，マーケティングの本質，マーケティング・マネジメントの発生や対象領域について説明し，アキレス株式会社の瞬足の事例を通して理解を深める。

第1節　マーケティングの本質

　マーケティングは20世紀初頭のアメリカで登場以来，ビジネス環境の変化に応じて，その姿を進展させてきた。マーケティングは多様な消費市場を前提とするが，20世紀初頭のアメリカでは多様な移民を含む大衆市場が形成されていた。生産力が増大すると，恒常的な供給過剰の市場状況が生まれる。こうしたなかで，植民地のような生産の受け皿をもっていなかったアメリカの生産者は「いかに売るか」という販売問題を抱えていた[2]。このような市場における需要と供給の矛盾を「市場問題」といい，マーケティングはこの市場問題を解決

するために発生した。

1-1　マーケティング・コンセプト

　1946年，アメリカのジェネラル・エレクトリック（General Electric）社がマーケティング・コンセプト（marketing concept）という用語を初めて採用した。マーケティング・コンセプトとは，マーケティングがいかにあるべきかという規範であり，マーケティング活動を遂行するうえでの基本的な考え方のことである。

　アメリカの企業において，マーケティングを重視した経営理念が定着したのは第2次世界大戦後の1950年代である。製粉会社であるピルスベリー社の副社長であったケイス（Keith, R. J.）は，自社の経営理念の発展段階を「生産志向（production oriented）時代」，「販売志向（sales oriented）時代」，「マーケティング志向（marketing oriented）時代」，「マーケティング統制（marketing control）時代」の4つに分類した。その後，マーケティング・コンセプトは多くの論者によって同様の発展段階説が提示された。たとえば，コトラー（1994）は，マーケティング・コンセプトを①生産コンセプト，②製品コンセプト，③販売コンセプト，④マーケティング・コンセプト，⑤社会志向的マーケティング・コンセプトという5つの段階に分類している。

1-2　マーケティング・コンセプトの変遷

　初期のマーケティングは主に巨大な製造業者の市場問題の解決，つまり大量生産された製品を大量販売に結びつけるための活動が注目された。1950年代になってからは，従来の経営理念からマーケティングを中心とした経営理念が定着し普及した。伝統的なマーケティング・コンセプトの内容は，①顧客志向，②統合化された努力，③利潤志向の3つに要約される[3]。

　顧客志向とは，論者によっては消費者志向，市場志向，マーケティング志向などと呼ばれている。それはマーケティング諸活動の中心に顧客を位置づけることであり，そのために顧客ニーズや欲求，そして行動への十分な理解が必要

とされる．統合化された努力とは，全社的に統合されたマーケティング諸活動のことであり，企業活動を統合化する経営理念として顧客志向を位置づけている．そして，利潤志向とは，単なる売り上げのみを重視するのではなく，顧客を中心に位置づけた全社的なマーケティングへの取り組みとして利潤を追求することである．

　すなわち，単なる販売のマネジメントではなく，顧客理解を通した統合されたマーケティング・マネジメントの重要性を力説している．

　現代マーケティングの底流にあるのは，上記のような顧客志向の考え方であり，そこでは，作ったものをいかに売るかという「プロダクト・アウト (product-out)」ではなく，売れるものをいかに作るかという「マーケット・イン (market-in)」の発想が求められる．すなわち，作った製品を市場に売り込むための販売のマネジメントを重視する販売コンセプトから，顧客ニーズから出発してそれに見合う製品を提供するためのマーケティングのマネジメントを重視するマーケティング・コンセプトへの転換が読み取れる．

　顧客志向の考え方を実践するためには，何よりもマーケティングを取り巻くさまざまな環境をできる限り正確に把握して環境不確実性を低下させ，そのうえで，「製品 (Product)」「価格 (Price)」「流通 (Place)」「プロモーション (Promotion)」という4つのPに分けられるマーケティング諸手段を，顧客ニーズによりよく適合させていかなければならない．マーケティングをマネジメントする際には，これらのマーケティング諸手段をマネジメントすることが必要となる[4]．

　元来，資本主義経済体制の下では，企業の利潤志向は企業の存続・成長にとって不可欠な要因となる．そこで顧客利益を維持しながら企業の利潤志向を達成するという課題は，その目的として利潤志向を，その目的達成のための手段として顧客志向を位置づけていた．しかし，市場の成熟化・飽和化によって，市場需要の不確実性が増し，企業の利潤は顧客利益を達成することでもたらされる結果として考えられるようになった．前者の企業利潤志向がプロダクト・アウトのことであり，後者の顧客利益志向がマーケット・インのことであると

いえる。今日，技術の高度化などから優れた商品を開発し，それを市場に売り込んでいくプロダクト・アウトの発想より，顧客ニーズを出発点に市場の動向に目を向け製品を開発していくマーケット・インの発想が強調されている。

　マーケティングとは，誰に，何を，どのように販売するかに関わる企業による対市場活動であり，外部環境である市場を対象にする活動である。そのマネジメントの対象もまた，組織内部に限らず，市場に向けて焦点を合わせている。すなわち，マーケティング活動は対象となる市場（顧客）を設定することから始まる。そして，それは対象市場の顧客ニーズを充足させるための製品やサービスを開発・導入し，販売を実現するための活動である。

　マーケティングの本質は，企業の組織内部のマネジメントと違って，組織外部に位置する他者との関係性をマネジメントの論理に持ち込む点にある[5]。マーケティング・マネジメントの基本は，組織の目標を達成するために，ターゲット，コンセプト，ポジショニングを明確にし，それに沿ってマーケティングの諸手段を策定し実行することである。次節では，マーケティング活動の第一歩となる「STP」，そしてマーケティング・マネジメントの諸手段である「4つのP」について概説する。

第2節　マーケティング・マネジメント

　企業がマーケティングを推進しようとする際の中核となる枠組みがマーケティング・マネジメントである。実際にマーケティング活動を行う場合，対象市場を何らかの基準で分類することが重要となる。これをマーケット・セグメンテーション（市場細分化）と呼び，それぞれ似通った需要をもつ部分市場を市場セグメントと呼ぶ。企業がそのうちのどの部分市場をターゲットとするのかを決めることをターゲッティング（標的市場設定）という。ターゲットとなる市場に対して自社の製品やサービスの特色を持たせ，製品やサービスの位置づけを決定することをポジショニングという。

　以上のようなマーケット・セグメンテーション（Segmentation），ターゲッ

ティング (Targeting), ポジショニング (Positioning) を略して「STP」といい, これらはマーケッティング活動の第一歩となる。優れたマーケティングを展開するためには, まず明確なSTPを選定する必要がある。

ターゲット市場に対してポジショニングを実現するために, 製品, 価格, 流通, プロモーションの最適な組み合わせである「マーケティング・ミックス (marketing mix)」が用いられる[6]。

以下では, 4つのPの枠組みに沿って, 企業が顧客との関係性を構築しようとする際に必要とされる諸要素と, その組み立てに関する基本的な論理を見ていく[7]。

2-1 製　　品

市場において, 人々が対価を支払い購入しようとする直接の対象が製品である。この購入の対象は, 有形財の場合は製品, 無形財の場合はサービスと呼ばれ両方を含むが, 4つのPでは便宜上「製品」と記される。製品とサービスの両方を含む用語として,「商品」という用語が用いられる場合もある。どのような製品やサービスを提供しようとしているかは, 顧客との関係性を構築するうえで中心的な問題となる。

2-2 価　　格

価格は製品やサービスの効用または顧客満足に対する対価である。基本的に価格は, 企業が製品やサービスを提供するのに必要なコストを回収し, 適切な利潤を得ることができるように設定される。しかし, その価格設定にはいくつもの選択肢がある。たとえば, 同一製品が同一価格で販売されていることは珍しく, 地域, 季節, 顧客, 量, 取引条件などによって価格が異なる。この価格は, 顧客が製品やサービスを購入するか否かを決定する判断材料として重要な情報となっている。

2-3 流　　通

　流通の中には，所有権の移動に関わる商流，財の移動に関わる物流，カネの移動に関わる貨幣流，情報の移動に関わる情報流という，4つの流通フローに分けられる。マーケティング活動の中の流通とは，所有権の移転を伴うチャネル問題に限定される。自社の製品やサービスにとっての最適な販売経路のことをチャネルという。企業は市場との間の時間的・距離的な隔たりをなくし，製品やサービスを効率的に届けるためのチャネルを選択し管理する。

2-4 プロモーション

　プロモーションとは，企業外部に位置する市場に対して，自社の製品やサービスに関する情報を知ってもらうためのコミュニケーション活動である。したがって，自社の製品やサービスの名前を知ってもらい，その魅力を伝え，買いたいと思ってもらうためのコミュニケーションが必要となる。広告やパブリシティ，人的販売，販売促進などが主な手段とされ，最近はインターネット技術を用いたSNS（Social Networking Service）などの双方向コミュニケーションツールが注目を集めている。

第3節　アキレス株式会社「瞬足」の事例

　企業にとって，売れるものをいかに作るかは極めて重要かつ難しい課題である。自社のもつ技術を駆使し唯一無二の製品を市場に提案したとしても，それが市場に受け入れられなかったら，あるいは市場に届くことがなかったら，企業は売り上げも利益も得ることができない。本節では統合されたマーケティング活動を実行している事例として，学童靴「瞬足」で有名なアキレス株式会社を取り上げる。

3-1　アキレス株式会社のシューズ事業

　1947年に創業したアキレス株式会社は，運動靴の大手であり，シューズ製品

以外にもプラスチック製品および産業資材製品の開発・製造・販売を主な事業部門としている。「瞬足」は，2003年に学童の通学用の外履きとして発売された。2017年現在，発売から15年目を迎え，親子をテーマにしたテレビCM「瞬足母から子へ」が投入されている。この新しいテレビCMは，瞬足を履いて育った母親が自分の子供のために瞬足を選ぶストーリーとなっている。

発売初年度には24万足，2004年度は70万足，2005年には158万足と売上を伸ばし，近年は毎年600万足前後の売り上げを維持し，子供2人に1人は履いている大ヒット製品である。少子化の影響で子供市場を対象にしている企業が苦戦しているなか，瞬足の成功は目を見張るものがある。

既存製品とは違う，瞬足の特徴としては，「左右非対称」の靴底をあげることができる。多くの靴が左右対称であるのに比べて，瞬足は左右の靴底の左側にスパイクが配置されている。そうすることで，左コーナーを駆け抜けるときにしっかり土をつかんで走ることができる。小学校の運動場のトラックは左回りであり，運動会の徒競走では左カーブで転倒することが多い。運動会という晴れ舞台で思い切りトラックを走り抜けることができる子供靴として受け入れられている。

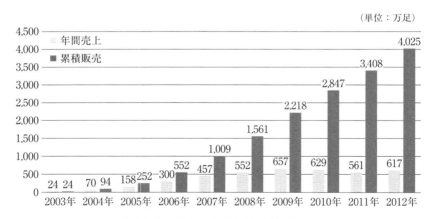

図13-1　発売から10年間の販売推移

（出所）　アキレス株式会社「瞬足」開発チーム（2013）133頁より修正作成。

3-2　左右非対称の瞬足

　瞬足の開発チームは，左右非対称の靴底にすることで「運動会でよい思い出を作れる靴」を提案した。開発チームは，家族が応援に来ている運動会の徒競走で悲しい思いをしたくない，思い切り走りたいといった顧客ニーズに注目し，今までの常識では考えもつかなかった製品を世に出したのである。

　アキレス株式会社のシューズ事業部門は，創業から60年の歴史をもつ老舗として，知識の蓄積と技術力を持ち合わせていたが，大胆な発想転換ができる組織ではなかった。しかし，子供靴市場を取り巻く環境変化の影響で，プロダクト・アウトからマーケット・インへの発想の転換が必要となった。

　まず，少子化の影響により，市場の規模が縮小した。そいて，今まで得意先であった総合スーパー（GMS：General Merchandise Store）や量販店が独自のプライベートブランド（Private Brand）を取り扱うようになり，ライバル化したのである。さらに，取引先である総合スーパーやチェーン店などが，地方分権的な仕入れから，一括大量仕入れの中央集権的なセントラルバイイングに変化していたため，その対応が必要になった。なお，子供靴市場も変化しており，機能性のみならず，デザイン性が重視されるようになった。生産面では，ライバル他社はコスト削減などから生産拠点の中国移転を進めていたが，同社のシューズ事業部門は乗り遅れていた。

　1999年，「企画開発リーダー」という制度が導入され，本格的にマーケティングの視点から商品を企画することになった。この企画開発リーダーは営業担当の7人によって構成され，彼らを中心とした会議の中から瞬足のアイディアは生み出された。瞬足は子供靴の中でも通学用の外履きである。特定のスポーツに限定されたスポーツ・シューズではなく，校内で履く上履きに対して，外履きとしてポジショニングされた。

　そのため，瞬足は速く走るためのものではなく，足の速い子はより速く，そうではない子にも夢を与える靴として位置づけられ，運動が苦手な子や好きではない子でも走ることの楽しさを与えられる靴として設計されている。左右非対称の靴底には柔らかいゴムを採用し，普段の通学時はスパイクが靴底に隠れ

写真13-1　瞬足の左右非対称の靴底

（出所）　アキレス株式会社ホームページ，http://www.syunsoku.jp/（2017年9月1日アクセス）。

ているが，トラックを走る際には荷重がかかることでスパイクが顔を出し地面をつかむようにした。

3-3　統合されたマーケティング活動

　瞬足という製品は子供靴市場を用途別に市場細分化し，通学用の外履きを対象市場とし，すべての子供の背中を押せる靴を提案した。発売当時は小学校低学年の男児をターゲットに，トラックを走るときに思い切って走ることができるように，柔らかいゴム製の靴底には左側にスパイクを装着させ，左右非対称の靴を生み出した。

　瞬足という全く新しい発想の製品は，開発チームによる市場調査と，それをベースにした明確なSTPの分析および実現，同社の既存製品である「ランドマスター」によって蓄積された知識と教訓が活かされている。たとえば，「ランドマスター防水」の価格は1,980円であったために，瞬足の発売当初の価格も2,000円以内に設定された。さらに，最初の瞬足は「ランドマスター瞬足」という名称で発売された。半年後，「瞬足2」という名称で販売されるようになり，ランドマスターの傘下から独立したのである。瞬足が急激に売り上げを

伸ばした背景には、流通網の開拓とテレビCMをあげることができる。総合スーパーや量販店が瞬足を取り扱うようになったことで売り上げが飛躍的に伸びた。そして、親と子供が一緒にテレビを視聴する時間帯にテレビCMを放映したことでさらなる売上促進につながった。たとえば、日曜日の朝は、「戦隊シリーズ」「仮面ライダーシリーズ」「プリキュアシリーズ」など、子供の人気番組が続く。この時間帯にテレビCMを投入したことで、購入者である親と消費者である子供の両方に訴求することができる。

　2017年現在、瞬足は発売15年目である。発売当初は小学校低学年男児がメインターゲットであったが、その後、性別や年齢層、用途を広げており、女の子用瞬足（2004年〜）、サッカー用瞬足（2005年〜）、瞬足ベビー（2009年〜）、瞬足ダンス（2012年〜）、大人用瞬足（2012年〜）を展開している。これらは顧客の要望やクレームに対処し、売り場における顧客との接点を増やし、足育などの講演会などを通して、売れる仕組みづくりを継続してきた産物であるといえる。最近は、シューズ事業を越えて、文房具やアクセサリー、日用品などの他業種とのコラボレーションも増えており、意外なところで瞬足を目にするようになっている。

第4節　まとめ

　企業にはマーケティングに関わるマネジメントのみならず、人のマネジメント、モノのマネジメント、カネのマネジメント、情報のマネジメントも必要である。マーケティングのマネジメントは、顧客との関係性を創造・維持・成長させることを重視した、顧客志向のマネジメントとなる。したがって、企業を取り巻く利害関係者集団との関係性をマネジメントする必要がある。その対象としては、顧客との関係性はもちろん、仕入業者、競争企業、流通業者などとの関係性をマネジメントすることが必要である。

　本章では、プロダクト・アウトとマーケット・インの発想を中心にマーケティングのマネジメントを概観し、アキレス株式会社の瞬足の事例を紹介した。

プロダクト・アウトとマーケット・インの発想は，前者が古い考えであるため後者に転換していることを強調するものではない。近年の技術の高度化により提案された新製品が市場に受け入れられることもあれば，顧客ニーズを組み入れた製品の市場普及が思わしくない場合もあり得る。実際，顧客は自らのニーズを明確に認識していることが少なく，企業側による顧客ニーズの理解が不十分なこともある。昨今の世の中の新製品には，企業側が提案した新技術を盛り込んだ商品もあれば，綿密な市場調査から生まれた商品もあり，プロダクト・アウトとマーケット・インの発想は共存しているといえる。

【注】
1) 経済学で「マクロ（macro）」という場合，それは全体的・巨視的・集約的というような意味で使われる。「ミクロ（micro）」は，個別的・微視的・主体的などの意味で使われる。経済学におけるこのような用語の使用法は，マーケティング論においても同様である。このような，マクロとミクロを区分することは，経済学に限られたものではなく，社会科学一般で広く採用されている方法である（猿渡 1999）。
2) 井原（2000）。
3) Martin & William（1971）。
4) 池尾・青木・南・井上（2010）。
5) 関係性という用語にさまざまな定義が存在するが，本章では関係と関係性について，以下のように定義する。まず「関係」とは，2つ以上の物事が互いにかかわり合うこと，またはそのかかわり合いのことであり，あるものが他に対して影響力を持っていること，またはその影響のことを指す。すなわち関係には良い関係や悪い関係のようにさまざまなタイプが存在し，この概念自体は中立的な概念である。それに対して「関係性」とは，多次元的な性格を持ち，継続的で個人的な性格が濃い強力な連結である。マーケティングにおける売り手と買い手間の関係は，両者における継続的な経営活動および収益性を獲得するために相互依存性を有する。このような場合，取引関係は1回ごとに完結する単発的取引とは区別される時間軸を持った長期継続的な取引として認識される。また，関係性とは，信頼はもちろんのこと，相互依存性の程度をも意味する。すなわち，関係性は信頼や連帯感のようなマクロ的秩序として場の維持や発展に貢献するポジティブな概念である。
6) マーケティング・ミックスとは，当該企業が提供する商品にとって最も適したマーケティング諸手段（製品，価格，流通，プロモーション）の組み合わせのこと

を指す。
7）石井・栗木・嶋口・余田（2004）。

【参考文献】
アキレス株式会社「瞬足」開発チーム（2013）『開発チームは，なぜ最強ブランド「瞬足」を生み出せたのか？』ユーキャン学び出版。
池尾恭一・青木幸弘・南知恵子・井上哲浩（2010）『マーケティング』有斐閣。
井原久光（2000）『テキスト経営学〔増補版〕』ミネルヴァ書房。
猿渡敏公（1999）『マーケティング論の基礎』中央経済社。
石井淳蔵・栗木契・嶋口充輝・余田拓郎（2004）『ゼミナールマーケティング入門』日本経済新聞出版社。
Kotler, P. (1994) *Marketing Management: Analysis, Planning, Implementation, and Control*, 8th ed., Prentice-Hall, Inc.
Martin, L. Bell and C. William Emory (1971) "The Faltering Marketing Concept," *Journal of Marketing*, 35 (October), pp. 37-42.

【その他】
アキレス株式会社，http://www.syunsoku.jp/（2017年9月1日アクセス）。

索　引

■あ 行■

アベグレン, J. C.　62
アメリカン・タバコ　19
ROE　139
アンドリュー・カーネギー　16
ESG 投資　68
岩崎弥太郎　21
Ｍ型組織　93
エンロン事件　65

■か 行■

海外直接投資　45
外国人機関投資家　137
会社法　2, 78
開拓者　15
株式会社　5, 7
株式会社制度　20
株主総会　64, 78
監査委員会設置会社　78
監査等委員会設置会社　78
間接輸出　43
カンパニー制組織　121
かんばん方式　57
管理会計　141
機関投資家　65
企業　2
　――の社会的責任　63
企業家　21
企業統治　69
企業別労働組合　106
機能分野別戦略　152
規模の経済　99
キャッシュ　146
キャッシュフロー　28, 133, 146
競争を回避　19
銀行制度　20
経営者支配　64
経営戦略論　152
経営分析　29
経営理念　153
KSF　154
経験曲線　95
合資会社　4, 5, 7

合同会社　4, 5
合名会社　4, 5, 6, 7
互換性部品　18
個人企業　2
コスト・リーダーシップ　100
コーポレート・ガバナンス　66

■さ 行■

最高経営責任者　84
財閥　22
財務会計　141
サイモン, H.　120
サブプライムローン　65
差別化　100
３Ｃ分析　156
J. I. T.　57
CEO　84
CSR　70
GM　55, 56
事業戦略　152
事業部制組織　121, 127
市場経済社会　62
市場セグメント　169
渋沢栄一　21
指名委員会等設置会社　78
終身雇用　106
集中　100
職能別組織　120
所有と経営の分離　19, 64, 80
シンガー・ミシン　16
コーポレート・ガバナンス　66
垂直統合　16, 24
垂直統合型　19
SWOT 分析　156, 157
ステークホルダー　63, 64
石油危機　46
ゼネラル・エレクトリック　19
全社戦略　152
専門経営者　24, 78, 92
戦略　152
組織　120
組織文化　128
損益計算書　132
損益分岐点　142

■た 行■

対外事業活動(ハイマーの)　42
貸借対照表　132
多角化　21, 23, 24, 92
直接輸出　43
動機づけ―衛生理論　128
独立社外取締役　65
トヨタ生産方式　58

■な 行■

内部留保　137
ナビスコ　19
NUMMI　56
ニッチ市場　101
日本的経営　106
年功序列賃金　106

■は 行■

バランスシート　31
販売費及び一般管理費　35
バーナード, C. I.　127
PDCAサイクル　153
ファイブフォース・フレームワーク　98
ファイブフォースモデル　158
プロダクト・アウト　168, 169, 176
プロダクト・ポートフォリオ・マネジメント　96

プロダクト・ライフ・サイクル（バーノンの）　42, 50
PEST分析　154
法令遵守　69
簿記　28
ポーター, M.　98
ボストン・コンサルティング・グループ　93

■ま 行■

マーケット・イン　168, 169, 176
マーケット・セグメンテーション　169
マッキンゼー・アンド・カンパニー　92
三菱財閥　22
持株会社　23

■や 行■

山辺丈夫　21
誘因―貢献　128
U. S. スチール　19
有限会社　4, 5

■ら 行■

利害関係者　29, 63
ローカル・コンテンツ法　57

■わ 行■

ワンイヤー・ルール　32

| 実学　企業とマネジメント | ・検印省略 |

2018年3月15日　第一版第一刷発行

編著者　吉沢　正広

| 発行者　田　中　千津子 | 〒153-0064　東京都目黒区下目黒3-6-1 |
| 発行所　株式会社　学文社 | 電話　03（3715）1501(代)
FAX　03（3715）2012
振替口座　00130-9-98842 |

Ⓒ2018 YOSHIZAWA Masahiro　　Printed in Japan　　印刷／東光整版印刷㈱
乱丁・落丁の場合は本社でお取替します。
定価は売上カード，カバーに表示。
ISBN　978-4-7620-2791-8